Sensible Menschen in Beziehungen

Der Weg zur wahren Liebe als Empath.

So erkennst du Manipulatoren, schützt dich vor toxischen Abhängigkeiten und findest endlich deinen Traumpartner

Katrin Winter

© Copyright 2021 - Alle Rechte vorbehalten.

Rechtliche Hinweise:

Dieses Buch ist urheberrechtlich geschützt und nur für den persönlichen Gebrauch bestimmt. Ohne die Zustimmung der Autorin oder des Herausgebers darf der Leser keinen Inhalt dieses Buches ändern, verbreiten, verkaufen, verwenden, zitieren oder umschreiben.

Haftungsausschluss:

Die in diesem Dokument enthaltenen Informationen dienen nur zu Bildungs- und Unterhaltungszwecken. Es wurden alle Anstrengungen unternommen, um genaue, aktuelle, zuverlässige und vollständige Informationen zu liefern. Die Leser erkennen an, dass die Autorin keine rechtlichen, finanziellen, medizinischen oder professionellen Ratschläge erteilt. Durch das Lesen dieses Dokuments stimmt der Leser zu, dass die Autorin unter keinen Umständen für direkte oder indirekte Verluste haftet, die durch die Verwendung der in diesem Dokument enthaltenen Informationen entstehen, einschließlich, aber nicht beschränkt auf Fehler, Auslassungen oder Ungenauigkeiten.

Inhalte

Einleitung 1

Was sind Empathen? 5
    Empathie ist 5

Wie erleben Empathen Beziehungen? 9
    Beziehungsdynamiken – Positives und Herausforderungen 9
    Da kommt´s her – Langzeitprägung durch
    Kindheitserfahrungen 12
    Empathie – angelernt oder Teil deines Wesens? 14
    Die Herausforderung 17

**Ungesunde Beziehungen erkennen
und sich davon lösen** 29
    Empath und Narzisst – wie passt das zusammen? 29
    Ungesunde Strukturen zwischen narzisstisch
    und empathisch veranlagten Menschen 30
    Anzeichen einer ungesunden Beziehungsstruktur 33
    Wie du dich von ungesunden Beziehungen lösen kannst 52

**Die richtige Partnerwahl: Worauf
muss ich achten?** 69
    1. Auf die Gefühle kommt es an – sie zu hinterfragen 70
    2. Werte und Ziele – wollt ihr beide das Gleiche? 74
    3. Brücken schlagen 83
    4. Körper, Seele, Geist – worauf kommt es wirklich an? .. 87

**Ja! Schaffe die Beziehung, die
du dir wünschst** 93
    Empathie als der Stoff, der alles zusammenhält 96

Wo ist denn nun mein Traumprinz voller Mitgefühl?....................102
Und was ist mit den anderen Beziehungen in meinem Leben?....103

Ein kleines Kapitel zum Begriff „Raum"......................... 107

Nachwort – von der Sehnsucht nach dem Ankommen.....115

Quellen und weiterführende Literatur............................117

Einleitung

Liebe Leserin, lieber Leser,

auf der Suche nach geeigneten Räumen, in denen du dich selbst verstehen, weiterentwickeln und dir Aufmerksamkeit gönnen kannst, bist du zum Bereich Beziehungen auf dieses Buch gestoßen. Du bist herzlich willkommen – du kannst dich mit all deinen persönlichen Gedanken, Sichtweisen und Entwicklungsmöglichkeiten hier ausbreiten und dieses Buch als Inspiration und Selbsterfahrungsfeld nutzen.

Persönliche Lese- und Lernzeit ist Zeit für dich, ein Geschenk. Sie hält dein Lebensgefühl bereit, die Art, wie du das Leben angehst und ihm begegnest. Dieses Buch hält diesen Raum, in dem du ein tieferes Gefühl dafür erlangen kannst, wie du die Dinge handhabst. Fülle den Platz zwischen den Zeilen mit deinen Ansichten, deiner Perspektive und dem, wonach du dich sehnst und spiegele dich in den Worten so, wie du spürst, dass es dir guttut.

In Beziehungen fällt empathischen Menschen der Raum für sich selbst meist nicht von allein in den Schoß. Durch deine mitfühlende Art und Feingefühl bezüglich Stimmungen, Atmosphären und der Wahrnehmung für die Ansichten deiner Mitmenschen stehst du immer wieder vor der Wahl, nach außen oder nach innen zu lauschen – und diese beiden Welten miteinander zu vereinen. Das Ziel gelungener Beziehungen ist es, durch die authentische, intime Gemeinschaft mit anderen mehr zu sich selbst zu finden.

Auf deinem Weg dorthin begegnen dir leichte, sonnige Phasen, aber auch solche, die Verwirrung stiften, Neuausrichtung fordern und von dir abverlangen, dass du deine eigenen Bedürfnisse vermehrt in den Vordergrund bringst. Zudem möchtest du dich in Beziehungen wiederfinden, die dir guttun und deiner Gesundheit auf allen Ebenen dienen.

Deine Sensibilität erfordert, klug zu wählen und einen Überblick darüber zu erhalten, in welcher Lebens- und Lernphase du dich gerade befindest, ob deine Beziehungen dem dienen und dich tiefer in deine Wahrheit führen oder ob du dich auf einem Terrain befindest, welches dich von dir entfremdet.

Dieses Buch hilft dir, sanft zu reflektieren, die Dynamiken in deinen Beziehungen und deine persönliche Rolle darin zu verstehen, wenn nötig neu zu justieren und die Fähigkeit zu unterstützen, Glück bringende und erfüllende Beziehungen zu leben.

Es ist für dich geeignet, wenn:

➢ du dich nach einer authentischen, Nähe bringenden, erfüllenden Beziehung sehnst, nach einem Menschen, mit dem du deine wertvolle Lebenszeit gemeinsam gestalten kannst

➢ du in deinen Beziehungen als wertvoll erachtet werden und ernst genommen werden möchtest

➢ du dich danach sehnst, deine Sensibilität nicht verstecken zu müssen und endlich davon ablassen kannst, dich mit einem dicken Fell vor einer rauen Umwelt schützen zu müssen

➢ du Empathie sowohl geben als auch empfangen möchtest

➢ du lernen möchtest, bei dir zu bleiben, dich nicht mehr verwirren zu lassen und klar rechtzeitig zu erkennen, wann du dich in einer ungesunden, dich möglicherweise ausnutzenden oder manipulierenden Beziehung befindest

➢ du deine Grenzen erkennen und herausfinden möchtest, wie du sie in die Beziehung einbringen kannst, so, dass

du nicht verlassen, sondern im Gegenteil umso mehr geschätzt wirst
- ➢ deine alten Glaubenssätze bezüglich deines Selbstwertes, dem Aushalten ungesunder Situationen oder deiner Rolle in Beziehungen ausgedient haben und du bereit bist, kraftvoll deine Beziehungen nach deinen Vorlieben mitzugestalten

Zum Thema Empathie findest du tiefergehende Inspiration im Buch „Empathie ohne Stress: Wie du Menschen mit deinem Mitgefühl hilfst und dich vor negativen Emotionen schützt". Du musst es nicht gelesen haben, um dem Inhalt dieses Buches folgen zu können, es ist jedoch eine wunderbare Ergänzung zu vielen Themen rund um das Thema Empathie.

Während du tiefer ins Thema eintauchst, erinnere dich immer wieder daran: Deine Empathiefähigkeit ist eine Gabe, kein Fluch. Du kannst lernen, ein Zuhause darin zu finden und dich in deiner Umwelt sicher und geborgen zu bewegen, je tiefer dein Verständnis darüber reicht, wie sich dein Seelenleben zusammensetzt.

Bei dieser Art Selbsterforschung ist es hilfreich, eine Perspektive einzunehmen, die betont: Alles darf sein. Ich bin gut wie ich bin und muss mich nicht anpassen oder mich verbiegen, um mich in meiner Haut und meiner Umgebung sicher zu fühlen. Es geht darum, anzunehmen, was ist, um sichere Wurzeln zu entwickeln, die es dir ermöglichen, über dich hinauszuwachsen. Deine Werte, Begabungen und Sensibilität sind ein erfolgreiches Gespann zu einem erfüllten Leben in all den Bereichen, die dir wichtig sind, allen voran in deinen nahen Beziehungen.

Viel Freude auf deinem Weg zu dir und erfüllten (Liebes-) Beziehungen!

Was sind Empathen?

„Das Gefühl kann viel feinfühliger sein als der Verstand scharfsinnig."

Viktor Frankl

Empathie ist...

Mareike ist gerade von der Arbeit nach Hause gekommen, da klingelt das Telefon. Ihre Mutter ist am Apparat. Das Gespräch läuft wie immer – Mareike hört zu, während ihre Mutter sich wie gewohnt über ihr körperliches und seelisches Leid beschwert.

Nach zwanzig Minuten, in denen Mareike kaum zu Wort gekommen ist, fühlt sie sich erschöpft und ausgelaugt. Sie legt den Hörer auf die Gabel und lässt sich aufs Sofa fallen.

Warum ist sie nur ans Telefon gegangen? Sie wusste doch vorher bereits, wie das Gespräch verlaufen würde. Und wie kommt es, dass ihr auf einmal übel ist und ihr Körper so angespannt? Auf eine seltsame Art fühlt sie sich traurig und bedrückt, als läge ein grauer Schleier über ihrem Seelenleben.

Mareike seufzt. Immer wieder das Gleiche. Sie fühlt, was ihre Mutter fühlt, die eben nicht glücklich und zufrieden, sondern tief innen traurig und einsam ist. Sie spürt den Schmerz, der hinter all den oberflächlichen Beschwer-

den über ihre körperlichen Miseren und Ärgernisse mit den Nachbarn zutagetreten möchte.

Zugleich fühlt sie jedoch auch ihr eigenes angespanntes, kleines Ich im Kontakt mit ihrer Mutter, all die ungelösten Konflikte und Erfahrungen aus der Vergangenheit, die ihr eigenes Gefühlsleben und damit auch die Beziehung zu ihrer Mutter prägen.

Mareike möchte sich gerne tiefer damit auseinandersetzen, wie sie sich ihrer Mutter gegenüber gesund positionieren kann, ohne ihr Herz zu verschließen und hart zu werden. Sie möchte ihre Mutter verstehen, weiterhin den Herzenskontakt aufrechterhalten und spüren, was dahintersteckt – ohne immer wieder neu auch in ihrem eigenen Erleben so tief erschüttert zu werden.

Für heute ist sie jedoch mit ihrer Kraft am Ende. Zum tausendsten Mal nimmt sie zusätzlich auch noch das Surren des Kühlschranks im Hintergrund wahr und wird, wie so oft, unendlich nervös:

Nie ist sie in ihrem Alltag auch nur eine einzige Minute lang vollkommen ungestört! Wie kann ein Kühlschrank nur so laut sein? Mit Herzklopfen, bedingt durch das aufsteigende Stressgefühl, kramt sie in ihrer Nachttischschublade entnervt nach ihren Ohrstöpseln, schließt alle Fenster und verkriecht sich bis über den Kopf unter ihrer Decke.

Empathie bezeichnet die Fähigkeit, sich voll und ganz in die Lebenswelt, Emotionen, Ansichten und Motivationen eines anderen Lebewesens hineinversetzen zu können – nicht nur kognitiv, sondern so intensiv, als sei es das eigene Erleben. Demnach ist ein Empath ein Mensch, dem es leichtfällt, andere zu verstehen, zwischen den Zeilen zu lesen, zu spüren, was im Gegenüber vorgeht und tiefes Mitgefühl zu empfinden.

Empathen sind meist sehr sensibel für Atmosphären, Stimmungen und das, was zwischenmenschlich im Hintergrund geschieht, während der Alltag vor sich hinzuplätschern scheint. Sie spüren, wenn sich jemand ärgert oder traurig ist, selbst, wenn derjenige versucht, dies zu verstecken. Meist erkennen sie innerhalb von Sekundenbruchteilen, was ein anderer von ihnen hält oder wenn Bedenken im Raum sind; Unausgesprochenes, Konfliktpotential ebenso wie positive Gefühle wie Dankbarkeit, Freude, Begeisterung. Sie werden schnell mitgerissen, weil sie das Erleben des anderen so stark mitempfinden und finden sich oft in der Situation wieder, unterscheiden zu müssen, welche Gefühle die eigenen sind und welche sie vom Gegenüber miterleben. Wenn sich ihnen jemand persönlich offenbart, hören sie nicht nur mit den Ohren zu, sondern fühlen sich intensiv in das Gesagte ein.

Nicht zu verwechseln ist Empathie mit Hochsensibilität. Empathie bezieht sich auf das Erleben gegenüber der Außenwelt, auf das Gegenüber und dessen Wahrnehmung, die ebenso stark aufgenommen wird wie die eigene.

Hochsensibel hingegen ist ein Mensch, der seinen eigenen Gefühlen und seinem Erleben gegenüber sehr empfindsam ist. Er nimmt überdurchschnittlich stark Reize aus seiner Umgebung auf und ist schnell mit dem überfordert, was sie in ihm auslösen. Dies bezieht sich sowohl auf die zwischenmenschliche Ebene als auch auf alles, was er mit den fünf Sinnen erfährt.

Ein hochsensibler Mensch ist herausgefordert, herauszufinden, in welchen Bereichen er besonders sensibel reagiert und sich dementsprechend angemessen zu positionieren, oft auch abzugrenzen. Er muss lernen, viel Zeit und Ruhe für sich zu nehmen und seine Grenzen zu beachten – was er durchaus mit dem Empathen gemeinsam hat.

Somit gilt eine Art Gleichung, die besagt: Viele Empathen sind hochsensibel, aber nicht jeder Hochsensible ist empathisch.

Mareike ist beides – eine hochsensible Empathin. Sie kämpft mit der starken Wahrnehmung der Erlebenswelt anderer, ihrem Mitgefühl und mit ihrer eigenen Lebenswelt, die sowohl emotional als auch über ihre fünf Sinne großes Potential an Überforderung verheißt. Sie hat aufgrund von Burnout-Gefahr vor einigen Jahren bereits entschieden, nur eine Teilzeitstelle anzutreten, denn sie wusste: Mit einer Vierzig-Stundenwoche ist sie mit ihrer sensiblen Wahrnehmung überfordert. Doch obwohl sie sich bereits viel mehr Pausen gönnt, als andere Menschen in ihrer Situation dies wahrscheinlich tun würden, fühlt sie sich oft überfordert, denn sie möchte nichts lieber, als tiefe, intime und empathische Beziehungen zu pflegen und auch körperlich das Leben voll und ganz wahrzunehmen – doch immer wieder gerät sie an ihre Grenzen und muss auch da kürzer treten, worin sie eigentlich aufgeht und ihre Seele Nahrung findet. Häufiger sagt sie Termine mit Freunden kurzfristig ab, kann schwer dabeibleiben, Pläne und Visionen zu erstellen und Träume in die Tat umzusetzen, die ihr viel bedeuten.

Wie erleben Empathen Beziehungen?

„In Wirklichkeit ist der andere Mensch dein empfindlichstes Selbst in einem anderen Körper."

Khalil Gibran

Beziehungsdynamiken - Positives und Herausforderungen

Leila ist glücklich – seit wenigen Wochen ist es endlich soweit: Der Mann, mit dem sie sich seit Monaten trifft, hat der Veröffentlichung eines festen Beziehungsstatus zugestimmt. Sie hat so lange darauf gewartet, eine klare Aussage darüber zu erhalten, ob der Mensch, für den sie sich entschieden hat, ein volles Ja ihr gegenüber findet oder ob sie wieder einmal vergeblich wartet und sich an „den Falschen" hingibt.

Das junge Paar verbringt in Markus' Augen viel Zeit gemeinsam. Leila wünscht sich insgeheim noch etwas mehr, doch sie möchte sich nicht beklagen. Ihr Partner hat eine anstrengende Phase auf der Arbeit, die ihn in seiner Aufmerksamkeit stark fordert. Wenn er bei ihr ist, ist er liebevoll und präsent, das möchte sie nicht zerstören. Schließlich möchte sie ihm eine Part-

nerin sein, die ihn nicht zusätzlich belastet, sondern ihm Freude bereitet. Sie kann so gut nachvollziehen, dass die Position, die Markus auf der Arbeit einnimmt, viel Kraft von ihm fordert, die er gerne investiert, immerhin hat er jahrelang studiert, um diese Arbeitsstelle zu erhalten.

Seit Tagen wurmt Leila ein Thema, über welches sie gerne mit Markus sprechen möchte, doch sie wartet auf den richtigen Moment: Immer wieder beobachtet sie, dass er innerlich abzuschweifen scheint, wenn sie von etwas berichtet, das nichts mit ihm zu tun hat, sondern vorrangig ihren eigenen Interessen entspricht. Sie möchte sich erkannt, wertgeschätzt und gesehen fühlen und erzählt ihm darum alles, was in ihr vorgeht und sie bewegt. Nach einigen Minuten jedoch scheint es, als schaue Markus sie zwar noch an und bemühe sich, ganz bei ihr zu bleiben, doch sie spürt, dass seine innere Aufmerksamkeit herunterfährt und er manchmal sogar plötzlich müde erscheint. Tatsächlich gähnt Markus nach einigen Minuten und sagt: „Liebling, es war ein langer Tag. Komm, wir kuscheln uns in Bett. Ich freue mich, dich im Arm zu halten."

Welch eine wundervolle Aussage! Sollte sie sich nicht überaus freuen, dass Markus nichts lieber möchte, als nach einem anstrengenden Tag mit ihr im Arm einzuschlafen? Doch aus unerklärlichem Grund hat Leila das Gefühl, allein zu sein, trotz der körperlichen Nähe.

Leila ist die typische Empathin. Sie versetzt sich durchweg intensiv in die Situation und Perspektive ihres Partners hinein und es fällt ihr nicht schwer, seine Argumente nachzuvollziehen. Da sie mit seiner Erschöpfung und der Herausforderung seiner vollgepackten Arbeitswoche gegenüber tief mitfühlt, kann sie nachvollziehen, dass er nicht noch mehr Belastung sondern Entspannung wünscht.

Wenn Leila allein ist, kommen ihre eigenen Wünsche und Bedürfnisse an die Oberfläche – wieder und wieder wälzt sie ihre Fragen und Themen, die sie so gern mit ihrem Partner besprechen möchte, hin und her. In manchen Momenten wird ihr schmerzlich bewusst, wie sehr sie unter der Situation leidet, doch wie automatisch drängen dann die empathischen Gefühle gegenüber Markus in den Vordergrund und relativieren, was sie braucht: Leila erinnert sich daran, dass sie Glück hat mit ihrem Partner, dass er sie von Herzen liebt und eben alles gibt, was er nach einem stressigen Arbeitstag zu geben hat. Sie drängt sich, dankbar dafür zu sein, dass er in seiner Situation seine Freizeit mit ihr verbringt und vertröstet sich selbst mit dem Argument, es sei nur eine Phase. Markus wird sicherlich bald an seiner Situation etwas ändern oder die Anforderungen auf der Arbeit werden weniger werden. Immerhin hat er bereits erzählt, dass personelle Umstrukturierungen in der Firma bevorstehen, die ihm ermöglichen, zumindest keine Überstunden mehr zu machen.

Markus hingegen macht seinen Standpunkt wie selbstverständlich klar und scheint sich auch keine weiteren Gedanken dazu zu machen, wie es Leila mit seiner Haltung geht. Er bleibt stets bei sich und kommuniziert einfach und eindeutig. Somit bleibt Leila bisher wenig Spielraum: Seine Grenzen sind ihr dadurch voll bewusst, dass Markus meint, was er sagt, und sagt, was er meint. Da sie selbst sich aufgrund ihres Mitgefühls diese Haltung nicht erlaubt, hat sie hinsichtlich ihrer Bedürfnisse das Nachsehen, denn wenn sie selbst ebenso klar und unmissverständlich in Echtzeit ihre Wünsche äußern und dafür einstehen würde, könnte es möglicherweise schneller, als ihr lieb ist, zu einem Moment kommen, den sie unbewusst zu vermeiden sucht: Das Paar könnte feststellen, dass es in seiner Lebensform und seinen Prioritäten zu unterschiedlich ist und sich entscheiden muss, getrennte Wege zu gehen, wenn keiner von beiden mit seinen Grundbedürfnissen einen Kompromiss eingehen kann und möchte.

Leila möchte nicht verlassen werden. Sie möchte sich in derselben Intensität geliebt und wertgeschätzt wissen, die sie ihrem Partner entgegenbringt. Sie betrachtet es als selbstverständlich, durch ihre Empathie Markus diesen sicheren Raum zu bieten, auch wenn er nicht perfekt ist und nicht all ihren Bedürfnissen gerecht wird.

Empathie aus Liebe mag jedoch nicht ihre alleinige Motivation sein, sondern eben auch die tiefe Angst vor Verlust und der Glaube, nur geliebt zu sein, wenn sie sich anpasst und in wichtigen Belangen zurücksteckt.

Eigentlich wünscht sich Leila, nicht eine Feierabendattraktion zugunsten bequemer Entspannung zu sein, sondern zu den Prioritäten zu gehören, denen Markus aus eigener Motivation heraus sowohl Zeit als auch Energie und Aufmerksamkeit schenkt, weil es seinem eigenen Wunsch entspricht, eine erfüllte Beziehung auf Augenhöhe zu führen. Sie möchte das Gefühl haben, in der Liste der Aktivitäten, die in einen Tag passen, nicht in der Hobbyspalte zu stehen oder bei einem Part, der sich zur Not bei Zeitmangel auch einmal absagen lässt. Ihr tiefster innerer Wunsch ist, dass ihr Partner hingerissen von ihr ist und mit ihr gemeinsam wie selbstverständlich sein Leben gestaltet – am besten um die gemeinsame Zeit herum. Da ihr Innenleben zutiefst beziehungsorientiert ist und die Verbindung zu ihren liebsten Mitmenschen ihren wichtigsten Ankerpunkt darstellt, steht es für Leila außer Frage, ihre Partnerschaft an die erste Stelle zu setzen.

Da kommt´s her – Langzeitprägung durch Kindheitserfahrungen

Unsere Kindheitserfahrungen prägen unser Unterbewusstsein bis ins kleinste Detail. Besonders unsere heutige Wahrnehmung zwischenmenschlicher Beziehungen und auch unser Selbstwert und unsere Stellung in der Gemeinschaft sind maßgeblich von unserem damaligen Umfeld beeinflusst.

Je nachdem, wie unsere Eltern und andere Bezugspersonen uns begegnet sind und mit uns kommuniziert haben, haben wir sogenannte Glaubenssätze über uns selbst und die Meinung anderer über uns entwickelt (mehr dazu liest du zum Beispiel in dem Buch „Das Kind in dir muss Heimat finden" von Stefanie Stahl). Abhängig von unseren Erfahrungen entwickeln sich positive und negative Glaubenssätze, die unseren gefühlten Selbstwert bestimmen.

Leila wird vermutlich in einem vergleichbaren Szenario wie diesem aufgewachsen sein: Die Eltern haben sich früh getrennt. Sie lebte bei ihrer Mutter, die völlig damit überfordert war, ihr emotional präsente und liebevolle Zuwendung zu schenken, weil sie viel arbeiten musste, um finanziell über die Runden zu kommen. Leila war es gewohnt, nach der Schule allein nach Hause zu kommen, sich ihr Mittagessen in der Mikrowelle aufzuwärmen und zwar einen Zettel ihrer Mutter vorzufinden, in dem sie schreibt, dass sie sich auf die gemeinsame Zeit nach der Arbeit freut – die Mutter selbst war jedoch meistens abwesend. Sätze wie „Mein Schatz, ich bin so müde. Würdest du mir den Rücken kraulen?" oder „Bald, ganz bald fahren wir beide allein in den Urlaub, aber jetzt musst du mich noch ein wenig in Ruhe lassen, ich hatte so eine harte Woche" waren an der Tagesordnung.

Ihr Vater machte sich auf eine Art und Weise aus dem Staub, die zeigte: Ich nehme mir Zeit für dich, wenn welche übrig ist. An Weihnachten und zu ihren Geburtstagen rief er an und schickte ihr Geld. Er fragte nach ihren Noten in der Schule und ihren Freunden und Freundinnen, hörte bei ihren Antworten jedoch nur mit halbem Ohr hin. Nachdem alles gesagt zu sein schien, war er immer der Erste, der das Telefonat freundlich, doch bestimmt beendete, mit einem Verweis auf das nächste Mal. Leila blieb nichts anderes übrig, als dies zu akzeptieren – was hätte sie tun können? Ihre Sehnsucht nach einem Extrawort der Liebe und Anerkennung, nach Ausdruck von Zuneigung seitens ihres Vaters blieb unbeantwortet.

Leila befand sich also ständig in einer unbewussten inneren Hoffnungs- und Erwartungshaltung gegenüber beiden Elternteilen, die Versprechungen auf intensive Zeiten zu zweit machten, sie jedoch selten einlösten – gerade noch so oft, dass immer ein klein wenig Hoffnung auf Besserung Leila innerlich bei der Stange hielten. Sie sehnte sich nach nichts mehr als danach, im Leben ihrer Eltern eine so bedeutsame Rolle zu spielen, dass sie nicht, niemals, nach hinten zu verschieben und an den Rand zu stellen sei.

Doch der Schmerz über die sich wiederholende Enttäuschung war so groß, dass er schnell ins Unbewusste versank. Nachdem Leila kurz nach der Trennung viel geweint hatte, versiegten irgendwann ihre Tränen. Ihr kindliches Ich legte sich eine innere Überlebensstrategie zurecht: Etwas in ihr begann einerseits, das Verhalten der Eltern auf ihren Selbstwert zu beziehen und dauerhaft unter dem Gefühl zu leiden, nicht wichtig und interessant genug zu sein und offenbar dazu auserkoren, ignoriert zu werden. Nur, wenn sie besonders lieb und freundlich zu ihrer Mutter war und ihr nach der Arbeit etwas Gutes tat, konnte sie einige Minuten Aufmerksamkeit „verdienen". Andererseits erklärte sie sich die fehlende Aufmerksamkeit durch die hohe Belastung ihrer Eltern und schob diese automatisch in eine Opferrolle, für die sie Mitgefühl empfinden muss. Dies entschuldigte das Verhalten ihrer Eltern und federte den Schmerz ab, der ihr die Schuld daran zuschob, nicht geliebt zu werden – es gibt einen guten Grund und Mama und Papa waren zu bemitleiden.

So wurde das Muster geboren, das besagt: Die anderen haben einen guten Grund, warum sie sich so verhalten. Sie leiden und ich muss sie verstehen.

Ihre Glaubenssätze könnten somit in etwa lauten:

- ➢ Ich bin nicht hinreißend genug, um Aufmerksamkeit zu erhalten.
- ➢ Meine Bedürfnisse sind vollkommen irrelevant.
- ➢ Ich muss mir Aufmerksamkeit und Liebe verdienen.
- ➢ Ich muss immer verständnisvoll sein und die Situationen der anderen akzeptieren. Spiele ich nicht mit oder rede zu viel, bin ich eine Belastung in irgendeiner Art und mache zu viel Aufsehen, werde ich kurzerhand verlassen.

Empathie – angelernt oder Teil deines Wesens?

Ein empathischer Mensch wie Leila ist zum einen von Natur aus sehr feinfühlig. Dies zeigt sich durch die Sensibilität, die sie für Stimmungen und Belange anderer in den Raum bringt, es fällt ihr leicht, ohne direkte Hinweise zu erfassen, wie es dem Gegenüber gerade geht.

Diese Begabung hatte Leila schon von klein auf. Auch bei ihren Freunden legte sie diese an den Tag. Wenn sich jemand bei

Spielen auf der Straße verletzte und weinte, war sie als eine der Ersten sogleich an dessen Seite und umarmte, tröstete und bot von sich aus Hilfe an. Sie fühlte zutiefst mit und traf dabei immer den richtigen Ton, als könne sie genau erahnen, was der andere gerade am meisten braucht.

So überraschte Leila ihre Mutter des Öfteren auch mit selbst gekochtem Essen, als sie etwas älter war, denn viele ihrer Gedanken drehten sich darum, was ihre Mutter nach einem langen Arbeitstag am meisten und was sie am wenigsten brauchen kann: noch mehr Arbeit. Indem sie sich intensiv in deren Alltag und das damit verbundene Gefühlsleben hineinversetzte, konnte sie punktgenau die Bedürfnisse ihrer Mutter erfüllen.

Hatte Leila selbst etwas auf dem Herzen, überlegte sie unzählige Male, ob es der richtige Zeitpunkt sei, ihre Mutter damit zu belasten. Eine offene, herzliche Art, ein kraftvoller Charakter und aktive Präsenz ihr gegenüber hätten ihr helfen können, wie selbstverständlich von ihren eigenen Sorgen und Freuden zu berichten. Doch dazu war ihre Mutter in der damaligen Situation nicht in der Lage.

Dass diese Dynamik eine umgekehrte Rollenverteilung darstellt und Leila in eine extreme Verantwortungsposition drängte, hat bis heute nachhaltige Folgen: Leila kümmert sich jetzt darum, ihrem Partner den schönstmöglichen Feierabend in ihren Armen zu gewähren, der in ihrer Macht steht – ungeachtet ihrer eigenen Bedürfnisse.

In Zukunft wird sie irgendwann vermutlich an einen sehr interessanten Punkt in ihrer inneren Entwicklung gelangen. Denn immer häufiger erwischt sie sich nun dabei, dass sie nicht nur die Trauer wieder spürt, die durch Markus´ Verhalten auch alte, bisher verschlossene Emotionen wieder wach ruft, sondern auch, dass etwas in ihr emporsteigt, was ihr zuweilen sogar Angst macht und bisher so gar nicht ihrem Wesen zu entsprechen schien: Sie ärgert sich. Manchmal wird sie für einige Sekunden richtig wütend und nachts träumt sie immer öfter davon, wie sie plötzlich ihre Mutter unbändig anschreit oder am Telefon im Gespräch mit ihrem Vater vollkommen stumm ist und kein Wort herausbringt, dabei jedoch vor Zorn fast das Telefonkabel zerreißt.

In diesen Momenten fragt sie sich: „Wie kann ich nur so wütend sein?! Das bin doch nicht ich! Ich bin so sensibel und freundlich, möchte dies auch bleiben und fühle mich schuldig, wenn ich mich auf einmal so über Menschen ärgere, die ich so liebe. Bin ich etwa doch nicht so feinfühlig, wie ich bisher geglaubt habe?"

Die Frage ist berechtigt: Viele Empathen streiten innerlich mit Gefühlen wie Wut, Ekel und Traurigkeit (wenn sie sich auf eigene unerfüllte Wünsche bezieht). Diese Gefühle weisen sehr stark und kraftvoll auf den eigenen Weg, auf Bedürfnisse und Sehnsüchte hin und pochen darauf, selbst endlich mehr Raum einzunehmen und sich als wichtig genug zu erachten, die Aufmerksamkeit wieder zu sich zurückzunehmen, die bisher nur bei den Mitmenschen lag. Dies kann Schuldgefühle hervorrufen, die durch die alten Glaubenssätze begünstigt werden:

„Ich darf mir keinen Raum nehmen!"

„Die anderen sind zu bemitleiden."

„Ich habe nicht das Recht, mich zu beschweren."

„Ich habe ihren Tag verdorben."

Empathie ist nicht in allen Fällen rein natürlichen Ursprungs. Sie ist in ihrem Kern zwar als Anlage vorhanden und zeigt sich im Alltag auch ganz natürlich. Eine extreme Ausprägung hingegen, die die eigenen Bedürfnisse vollkommen ignoriert, weißt oft darauf hin, dass sie sich als Überlebensstrategie entwickelt hat. Empathie hilft in abhängigen Situationen wie der Kindheit, Enttäuschungen vorzubeugen, da sie von vornherein das Verhalten des Gegenübers kategorisieren und erklären kann. Mit ihrer Hilfe kann der kleine Mensch sich verständlich machen, warum er nicht beachtet wird oder zurückstecken muss. Das Verständnis anderen gegenüber und damit verbundenes Mitleid lenkt außerdem erfolgreich vom eigenen Schmerz ab.

Die Herausforderung

Ein empathischer Mensch steht nun in der Entwicklung hin zum Erwachsenenalter vor einer großen Aufgabe: Er wird völlig neu justieren müssen, welche Anteile seiner Empathiefähigkeit seinem Wesen und seinen echten Werten entsprechen, die er fördern und entwickeln möchte und die zu einem gelungenen Beziehungsleben beitragen sollen.

Auf der anderen Seite wird er irgendwann die Grenzen seiner Belastbarkeit erreichen, die sich durch unterschiedliche Symptome bemerkbar machen: Typische Erfahrungen in diesen Krisenzeiten sind häufigere Wahrnehmung von Wut, Trauer und anderen bisher ungelebten Gefühlen, Phasen der Empathielosigkeit und des Durchsetzens des eigenen Willens, ohne auf die Folgen zu achten oder auch passiv anmutende, auf den ersten Blick wie Vermeidung wirkende Symptome wie Krankheit oder Burnout.

Diese Grenzen verlangen, dass die alten Verletzungen an die Oberfläche kommen und bearbeitet werden. Die rebellische Haltung mag für viele Mitmenschen ungewohnt und eventuell gar verletzend wirken, ist für den Empathen jedoch überlebenswichtig und Teil seiner Entwicklung hin in eine gesunde Balance.

Am ehesten zeigen sie sich in nahen Beziehungen, in denen uns jemand wirklich kennenlernt und wir uns verletzlich machen. Unsere Triggerpunkte werden so aktiviert, dass wieder spürbar wird, welche Schmerzpunkte in der Verbindung zu Mutter und Vater oder anderen Bezugspersonen damals entstanden sind.

Der alte Schmerz wirkt sich auf unterschiedliche, wichtige Bereiche unseres emotionalen Innengefüges aus:

➤ Bindungsfähigkeit:

Je nachdem, welche Überlebensstrategien man sich als Kind aneignet, entwickeln sich unterschiedliche Bindungstypen (tiefer kannst du in das Thema mit folgendem Buch einsteigen: „Jeder ist beziehungsfähig" von Stefanie Stahl).

Manche Menschen verhalten sich ängstlich–anhänglich, andere wiederum entwickeln einen eher kühlen und vermeidenden Bindungsstil. Die Forscherin Mary Ainsworth unterscheidet zwischen vier Haupt-Bindungstypen:

Bindungs-Typ A: Die unsicher vermeidende Bindung

Bindungs-Typ B: Die sichere Bindung

Bindungs-Typ C: Die unsicher ambivalente Bindung

Bindungs-Typ D: Die unsicher desorganisierte Bindung

Nach dieser Einordnung entsprechen Leilas Muster dem Bindungs-Typ C: Ihre Eltern haben sich durch ihre immer wieder hinausgezögerten und nur halbwegs eingelösten Versprechungen und Vertröstungen ambivalent ihrem Kind gegenüber verhalten und ihm damit vermittelt, dass seine Bedürfnisse willkürlich erfüllt werden, wenn es gerade passt – meist unabsehbar. Die unerwarteten Geschenke der Aufmerksamkeit können auch jederzeit wieder entzogen werden – wie bei einem abrupt abgebrochenen Telefonat.

Leila hat somit gelernt, in ständiger Unsicherheit auf die Gnade der Aufmerksamkeit und Zuwendung zu hoffen. Sie ist verunsichert und kann sich nie wirklich darauf verlassen zu wissen, wann Markus sich intensiv Zeit für sie nehmen würde. Wenn sie für kurze Zeit aufgrund seiner positiven Laune und ehrlicher Frage nach ihrem Wohlergehen Vertrauen fasst und doch einmal beginnt, von sich zu erzählen, kann sie nie ganz loslassen und vertrauensvoll davon ausgehen, dass er mit seiner Aufmerksamkeit bei ihr bleiben wird. Sie hatte damals erlebt, dass ihr Vater nur mit halbem Ohr zuhörte. Interessanterweise wiederholt sich dieses Muster jetzt in ihrer Beziehung. Mehr zur Partnerwahl nach Muster erfährst du im entsprechenden Kapitel.

➢ Emotionale Nähe:

Ihrem Naturell nach möchte Leila nichts lieber, als emotionale Nähe voll und ganz zuzulassen und in der gemeinsam verbrachten Zeit genussvoll aufzugehen. Sie hat die sogenannte „Sehnsucht nach dem ganzen Brot"; sie wünscht sich, in einer Partnerschaft alles zu erhalten, was sie als Kind von ihren Eltern hätte bekommen sollen: gemeinsame Interessen und gleichsam geteilte Leidenschaften, der Blick in die gemeinsame Richtung und eine „Familienberufung", Werte, die sie zusammenhalten, dasselbe Bedürfnis nach Nähe, Präsenz und liebevollen Gesprächen und uneingeschränkte Authentizität und Offenheit. Sie wünscht sich zutiefst, dass Markus mehr davon erzählt, was wirklich in ihm vorgeht und sich ihr emotional öffnet. Dies gäbe ihr sowohl Sicherheit als auch das Gefühl: Du bedeutest mir so viel, dass ich bereit bin, mich vor dir verletzlich zu machen. Für sie ist emotionale Nähe ein tiefer Liebesbeweis.

Weil jedoch Markus eher dem vermeidenden Bindungs-Typen angehört und sich weniger schnell und intensiv öffnet oder auch selbst noch nicht allzu tief im Kontakt mit seinen innersten Gefühlsvorgängen ist, erfährt Leila dahingehend einen Mangel an Liebesbeweisen. In Folge dessen tritt ihre Angst zutage, die besagt: Vielleicht liebt er mich ja gar nicht so sehr wie ich ihn. Um sich zu schützen und Abweisung zu vermeiden, erzählt sie ebenfalls weniger von sich und hält sich zurück, obwohl dies nicht ihrer Natur entspricht. Sie möchte sowohl vermeiden, verlassen zu werden, als auch immer wieder zu erleben, dass sie sich verletzlich und innerlich nackt zeigt, während Markus seinen Schutzschild scheinbarer Besonnenheit und auch Unangreifbarkeit durch seine klare und eindeutige Kommunikation präsentiert. Oft wirkt Markus nicht gut verbunden mit seinen Bedürfnissen und zieht aus diesem Grund gesunde Grenzen, was sich als gutes Zeichen erweisen würde. Eher spürt Leila mithilfe ihrer Empathie, dass Markus sich mehr entspannen kann, wenn es nicht um ernste, tiefe Dinge geht und er einfach die gemeinsame Zeit genießen kann, ohne Gefahr zu laufen, sich zu tief mit sich selbst beschäftigen zu müssen.

Da sie jedoch ihrem inneren Muster nach weiterhin dazu tendiert, die Schuld bei sich zu suchen, relativiert sie auch hier ihre Wahrnehmung und das Warnzeichen in eine Richtung, die Markus und die Beziehung kritisch hinterfragen würde und legt sich eine Erklärung zurecht: „Vielleicht erwarte ich zu viel. Vielleicht sollte ich ihn in seiner Belastung verstehen. Zudem muss man ja nicht immerzu mit tiefen Gesprächen beschäftigt sein. Vielleicht muss er mir ja nicht alles geben, was ich mir wünsche."

Mit Letzterem hat Leila im Übrigen recht, denn die Sehnsucht nach dem ganzen Brot entspricht unserem menschlich angelegten Instinkt nach der Symbiose und vollkommener Einheit mit der Mutter, die wir im Mutterleib erlebt haben: Als wir in ihrem Bauch waren, war sie unsere ganze Welt, wir waren kein eigenes Individuum, sondern vollkommen eins mit ihr – allerdings auch voll und ganz von ihr abhängig. Im Erwachsenenalter ist es tatsächlich zu viel verlangt und nicht realistisch, dass alle Bedürfnisse in einer Partnerschaft erfüllt werden. Daher ist es wichtig, immer wieder zu hinterfragen, was Partnerschaft für dich persönlich bedeutet und welche Aspekte für dich in einer Beziehung abgedeckt werden sollten, während einige deiner Bedürfnisse vielleicht auch in anderen sozialen Verbindungen bei Freunden und Familie erfüllt werden können. Mehr dazu erfährst du im Kapitel zur Partnerwahl.

> Selbstwertgefühl:

Niemand steht als Mensch für sich allein. Als von Natur aus soziale Wesen können wir uns selbst nur im Spiegel anderer wirklich erfahren und lernen, uns in uns zuhause zu fühlen. Wie andere mit uns umgehen und welche Stellung wir in einem sozialen Gefüge einnehmen, hängt maßgeblich von unserem Selbstwertgefühl ab, im ersten Schritt ist es jedoch sogar umgekehrt: Das Selbstwertgefühl wird erst durch den Umgang mit anderen gebildet.

Wenn du als Kind also erfahren hast, dass deine Bedürfnisse im sozialen Familiengefüge kaum eine Rolle spielen und du nebenher mitlaufen musstest, wurde dir vermittelt: Der Wert deiner Persönlichkeit ist nicht genug, um Aufmerksamkeit und Beachtung zu erhalten. Die Folgen erweisen sich als verheerend, denn die kindliche Wahrnehmung der Situation fasst aktive oder passive Kritik, Lieblosigkeit oder fehlende Aufmerksamkeit nicht als Selbstoffenbarung des Gegenübers auf oder allenfalls als Kritik am eigenen Verhalten, sondern als Kritik an der Person selbst, am tiefsten Sein der menschlichen Seele.

Das Gefühl, als Mensch wertlos und allein zu sein, brennt sich so tief ein, dass der Schmerz darüber meist kaum zu ertragen ist und daher ins Unterbewusste verbannt wird. Dort jedoch ist er nicht etwa verschwunden, sondern treibt weiter sein Unwesen, indem er Haltungen, Überzeugungen und Werte lenkt und bestimmt. So ist auch Leila in ihrem tiefsten Inneren davon überzeugt, als Mensch nicht wertvoll genug zu sein, um zur Priorität gemacht zu werden, doch da diese vermeintliche Erkenntnis aus der Kindheit zu schmerzhaft ist, um sich ihr bewusst zu stellen, sie zu reflektieren, zu verarbeiten und umzudeuten, weicht sie auf ihre empathische Gabe aus und nutzt diese, um ihrem Partner durch Verständnis und Mitgefühl entgegenzukommen. So kann sie erfolgreich vermeiden, die alten Wunden wieder aufzureißen. Eventuell wird ihr jedoch irgendwann bewusst, dass sie durch dieses ängstlich ambivalente Verhalten den Glaubenssatz nur immer weiter bestärkt: Fehlende Grenzen und immer wiederholendes eigenes Verhalten rufen auch immer gleiche Erfahrungen hervor, die den bisherigen Glauben untermauern und laut zu rufen scheinen: Siehst du, ich wusste es – ich bin es nicht wert.

Das Selbstwertgefühl ist im Erwachsenenalter nicht mehr nur davon abhängig, wie andere mit uns umgehen. Je bewusster dir deine eigenen Muster werden, umso klarer kannst du die Richtung ändern und entscheiden: Was ich erlebt habe, hatte nichts mit meinem Wert als Mensch zu tun. Es ist in keinster Weise persönlich zu nehmen. Meine Eltern haben ihr im jeweiligen Moment Bestes getan, auch wenn dies für mich nicht genug war. Ich habe das Recht, zu trauern, wütend zu sein und meinen Gefühlen Raum zu geben, ohne damit meine Eltern zu verraten oder ihnen in den Rücken zu fallen. Ich darf das Erlebte aufarbeiten und mich dem stellen, ohne zu sterben.

Ich möchte nicht mehr abhängig von meiner Vergangenheit sein, sondern das Leben leben, nach dem ich mich immer schon gesehnt habe. Ich lerne nun, Grenzen zu setzen, mich selbst für wichtig zu erachten und frei, als erwachsene Person zu entscheiden, wie ich mein Leben führen und welchen Menschen ich mich öffnen möchte. Ich muss nicht mehr wiederholen, was damals geschah.

> Körperlichkeit:

Die Fähigkeit zu und auch Bedürfnis und Wunsch nach körperlicher Nähe sind ebenso von unseren Kindheitserfahrungen geprägt.

Empathische Menschen sind meist sehr sensibel im Bereich der Körperlichkeit. Sie nehmen über die Berührung emotionale Vorgänge im zwischenmenschlichen Kontakt, die Gefühle ihres Gegenübers, dessen momentane Stimmung und sogar grundsätzliche Haltungen, Verletzungen und Blockaden des Gegenübers wahr. Die herüberschwingenden Signale drücken sich durch Körperempfindungen aus, zum Beispiel, indem sie plötzlich einen Frosch im Hals haben, sich unwohl in ihrer Haut fühlen (dabei eigentlich das Unwohlgefühl des Gegenübers spiegeln) oder sich ihr Magen zusammenzieht. Auch die eigenen Triggerpunkte laufen oft über das Körpergefühl ab und je bewusster sich ein Mensch bereits über diese Vorgänge ist und sie achtsam beobachtet, umso deutlicher werden sie: Wenn Leilas Partner von der Arbeit nach Hause kommt und ausstrahlt, dass er nicht belastet werden möchte, spürt Leila in ihrem Körper sofortige Anspannung und beobachtet sich dabei, allzeit auf der Hut zu sein. Sie bewegt sich unauffällig, spricht nur, wenn sie vorher darauf geachtet hat, dass Markus nicht anderweitig beschäftigt ist und drückt sich sehr vorsichtig aus. Obwohl er stets freundlich zu ihr ist, spürt sie die unterschwellige Kälte und halbherzige Präsenz, die sie unbewusst an ihre damaligen Erfahrungen erinnert. Manchmal hat Leila sogar Herzrasen, wenn sie eine ambivalente Stimmung wahrnimmt, die extremen Stress in ihr auslöst und sie in den gefühlten Überlebensmodus durch Anpassung drängt.

Körperlich mit einem geliebten Menschen in Verbindung zu gehen ist daher für empathische Menschen nicht einfach nur eine Nebensache: Wer viel spürt und zutiefst mitfühlt, ist herausgefordert, immer wieder neu zu beobachten, ob eine körperliche Annäherung gerade guttut und für das eigene Wohlbefinden förderlich ist oder ob eine gesunde Abgrenzung in heiklen Momenten vonnöten sein kann.

Empathen machen sehr unterschiedliche Erfahrungen mit Körperlichkeit aufgrund vergangener Erfahrungen: Nur, wenn sie lernen, sich selbst und ihre Bedürfnisse voll und ganz für wichtig zu nehmen und in diesem Bereich an die erste Stelle zu setzen, machen sie Erfahrungen, die sich heilsam auf sie selbst und die Beziehung auswirken. Der Knackpunkt liegt in der Fähigkeit, gesunde Grenzen setzen zu können. Wenn die Grenzen nicht stark, sicher und deutlich gesteckt sind und der Empath unmissverständlich dahintersteht und sie kommunizieren kann, macht er immer wieder die Erfahrung, dass sie überschritten werden. Dazu muss eine Beziehung nicht missbräuchlich sein. Allein der fehlende Mut zur Kommunikation kann dazu führen, dass der Partner über die Grenzen nicht informiert ist und sie schwer spüren kann. Die Strategie der Anpassung veranlasst den Empathen dazu, seine wahren Empfindungen erfolgreich zu verstecken, was ihm in der aktuellen Situation natürlich nicht dienlich ist.

In Leilas Fall ist die Körperlichkeit davon geprägt, dass sie oft schweigt, wenn sie eine Berührung nicht mag, obwohl sie gerne darüber sprechen würde. Grund dafür ist wieder das alte Muster: Der andere zählt mehr und wenn ich zu anstrengend bin, werde ich verlassen.

Die Voraussetzung für eine gesunde körperliche Verbindung zu anderen Menschen ist ein Gefühl des In-sich-Wohnens im eigenen Körper. Dieses wird durch die Einhaltung der Grenzen erreicht, denn der Körper erfährt: Nun kann ich mich fallen lassen, die Grenzen werden kommuniziert und respektiert. Somit eröffnet sich ein völlig neuer Raum, der zulässt, sich in Sicherheit zu begegnen. Im Übrigen sollte nicht nur der Partner lernen, die Grenzen zu achten, sondern auch der Empath selbst. Es kann durchaus sein, dass er sich wünscht, einen intensiveren Kontakt zuzulassen, doch ein Teil seiner selbst und seines Körpers ist vielleicht nicht bereit, etwas anderes möchte gesehen werden und Raum erhalten, vielleicht zeigen sich versteckte Ängste und Bedenken – dann hat der Mensch selbst die Aufgabe, seine Grenze zu schützen, in der Ambivalenz innezuhalten und die Symptome ernst zu nehmen.

> Aufeinander eingehen:

Als Empathin hat Leila oft ein Problem damit, herauszufinden: Worum geht es gerade? Ist mein altes Muster der Zurückhaltung am Werk oder kann ich nun gerade wirklich, in Übereinstimmung mit mir selbst und meinen inneren Bedürfnissen, auf Markus und seine Sehnsucht nach einem sorgenfreien Feierabend und entspannter Zeit zu zweit eingehen?

Leila ist in ihrer Kindheit durchweg auf ihre Eltern eingegangen und hat somit eine Prägung von ungleicher Verteilung an gegenseitigem Entgegenkommen erhalten. Sie hat Schwierigkeiten damit, zu erkennen, wann sie sich Raum nehmen sollte und wann die Wünsche ihres Partners berücksichtigt werden können.

Sie wünscht sich nichts mehr, als dass ihr Partner von sich aus auf sie eingeht und sich Mühe gibt, nach ihren Wünschen zu fragen und zu handeln, ohne dass sie ihn darum bitten muss. Doch andererseits fühlt sie sich deswegen schuldig, weil die alten Muster sie in der Denkschleife gefangen halten, dass Markus einen guten Grund dafür hat, dies nicht zu tun. Ihre Eltern sind so selten von sich aus auf ihre Wünsche eingegangen, dass sie das Gefühl nur erahnen kann, welches eine neue, positive Erfahrung in ihr auslösen würde – eventuell wäre es so überwältigend schön, dass es ihr zu Beginn gar schwerfiele, es anzunehmen. „Zu schön, um wahr zu sein" ist demnach ein geeignetes Sprichwort, um zu beschreiben, wie tief Leilas Wunsch ist – und gleichzeitig der Glaubenssatz, der diese Erfahrung verhindert. Denn Leila wird sich unbewusst auf einer tieferen Ebene entsprechend ihres Glaubenssatzes abwehrend positionieren. Da sie als die sensible Empathin in der Beziehung gilt, die immer Nähe ersehnt, ist ihre unbewusste Abwehrhaltung nicht auf den ersten Blick erkennbar, doch sie trägt mit zu der Partnerdynamik bei. So entsteht das Dilemma, genau zu wissen, was man braucht und es doch nicht erleben zu können.

Empathen dürfen lernen, zu sich zu stehen und herauszufinden, was sie wirklich wollen und in einer Beziehung auch brauchen, um sich geliebt und angenommen zu fühlen. Im zweiten Schritt geht es darum zu lernen, Kompromisse zu schließen und gemeinsam Lösungen zu erarbeiten. Bei Empathen, deren Muster noch nicht aufgelöst sind, laufen Beziehungen oft nicht auf Augenhöhe ab, weshalb dieser Bereich ihnen große Schwierigkeiten bereitet. Sie fühlen sich oft nicht verstanden, begriffen oder finden zu Beginn nicht die richtigen Worte, weil sie sich eingeschüchtert fühlen oder die Kommunikation über sich selbst schlicht ungewohnt erscheint. Erst, wenn sich langsam neue Gewohnheiten einprägen, kann es funktionieren, dass beide Partner aufeinander eingehen.

Dies kann im Übrigen auch bedeuten, die verletzten und sensiblen Anteile des Partners kennen zu lernen, anzunehmen und mit ins Beziehungsleben zu integrieren. Hier ist jedoch beim Empathen auch wieder Vorsicht geboten: Er steht in der Gefahr, durch Mitgefühl die eigenen Grenzen wieder zu verschieben. Den anderen zu verstehen und anzunehmen, bedeutet nicht automatisch, dass man ihm erlaubt, sich auf dem Schlachtfeld der eigenen Gefühle auszutoben.

➢ Die Fähigkeit zu fühlen:

Man mag nicht vermuten, dass Empathen ein Problem damit haben könnten, ihre eigenen Gefühle wahrzunehmen und vollständig mit ihnen verbunden zu sein. Doch überraschenderweise ist genau dies oft der Fall: Zum einen sind sie oft mit den Gefühlen ihrer Mitmenschen so beschäftigt und verbunden, dass für die eigenen Empfindungen kein Raum bleibt und ihre Energie vor allem in dem Akt der Reaktion (Anpassung, zuhören, für den anderen da sein, aus dem Weg gehen, Gutes tun …) auf die Vorgaben anderer verpufft. Zum anderen stellen sich die eigenen Gefühle oft als so stark und überwältigend dar, dass es dem Empathen schwerfällt, sich ihnen voll und ganz zu öffnen. Der alte Schmerz möchte sich im Kontakt mit einem geliebten Menschen manchmal mit solch einer Wucht Bahn brechen, dass es ihm Angst macht, alles zu fühlen, was sich in der Seele angestaut hat. Somit ist die Versuchung groß, bestimmte Bereiche gar nicht erst anzutasten und Vermeidungsstrategien an den Tag zu legen.

Es kann sein, dass du als Empath

- ◊ dem Partner die Schuld für deine schlechte Stimmung zuschiebst
- ◊ auch als Empath einen Streit vom Zaun brichst, um Energie ablassen zu können
- ◊ Reaktionen deines Partners überinterpretierst und negativ auslegst
- ◊ andererseits dich in dem beruhigenden Gedanken wiegst, dass alles in Ordnung ist und das Alte lange vergangen

Letzteres erweist sich erst dann als sinnvoller Grundgedanke, wenn du vorher bereit warst, wirklich zu fühlen. Ermutigend kann das Wissen darüber sein, dass dein inneres System genau weiß, wann du bereit dazu bist, dem alten Schmerz zu begegnen. Er wird erst an die Oberfläche geschwemmt, wenn es wirklich Zeit dazu ist und du damit umgehen kannst. Du wirst durch die Erfahrung des wahrhaftigen Fühlens wieder mehr mit dir selbst verbunden, kannst dich besser wahrnehmen und wirst dich lebendiger fühlen. Zudem kommst du im Jetzt an, denn fließende Emotionen und Gefühle nimmst du immer im aktuellen Moment wahr.

Inspiration

Schreibübung

Nimm dir ungefähr eine Stunde lang Zeit und Raum für dich. Stelle sicher, dass du nicht gestört werden kannst und du dich an einem Ort befindest, an dem du dich wohl fühlst, sowohl körperlich als auch seelisch.

Suche dir Schreibutensilien aus, mit denen du gut zurechtkommst und die deiner Art zu schreiben und zu reflektieren entsprechen – dies kann auch ein Laptop sein, doch in der Regel ist es gut, eine Schreibübung immer mit der Hand auszuführen. Alle Gedanken fließen in einem aktiven Prozess durch deinen Körper, durch den Stift aufs Papier und hinterlassen somit prägende, dauerhafte Veränderungen neuronaler Verbindungen: Der kreative Prozess ist eine reale Erfahrung und der Gedankengang wird zu einem lebendigen inneren Weg, der aktiv gelenkt werden kann. Wenn Körper und Geist zusammenarbeiten, ist eine nachhaltige Veränderung am wahrscheinlichsten.

Schreibe nun aus deiner jetzigen Perspektive heraus einen Brief an dein jüngeres Ich:

Teile ihm mit, dass du dich auf eine Reise dahin begeben hast, deine alten Verletzungen und Muster zu entdecken, ihnen zu begegnen und damit auch die Bereitschaft zu zeigen, Heilung und neue, gesunde Erfahrungen in deinem Leben zuzulassen. Erzähle deinem jüngeren Ich, dass du auf dem Weg bist, es zu retten, indem du dich ihm und damit dir selbst voll und ganz zuwendest und seine Bedürfnisse ab sofort an die erste Stelle setzen wirst.

Schreibe all dies in deinen eigenen Worten und stell dir dabei vor, welche Wortwahl genau dein jüngeres Ich wirklich berührt. Somit wendest du die Gabe der Empathie bei dir selbst an. Es kann helfen, dich während des Schreibens auch in die Position des jüngeren Ichs als Lesenden hineinzuversetzen und damit zu spüren, welche Wortwahl dich ermutigt, sich heilsam, aufmerksam und liebevoll anfühlt und wahrhaftige Begegnung schafft.

Alles, was dir in diesem Prozess nicht lebendig und gehaltvoll erscheint, darfst du herausstreichen und verändern.

Es geht vorrangig um die Begegnung, nicht um perfekte Grammatik oder saubere Wortwahl. Achte darauf, dass dein Herz in jedem deiner Worte liegt und dies „auf der anderen Seite" auch ankommt.

Zum Schluss kannst du im Brief noch eine Liste an Zielen erstellen, von denen du glaubst, dass sie dir heute dienen und deinem jüngeren Ich beweisen, dass du es wirklich ernst meinst: Du wirst deine Verhaltensweisen verändern und neue Erfahrungen machen.

Gehe die Aufgabe entspannt und neugierig an, du musst dich nicht unter Druck setzen. Es geht vorrangig darum, ein Gefühl für deine innere Lebenswelt zu bekommen und einen tiefen Prozess in Gang zu setzen.

Ungesunde Beziehungen erkennen und sich davon lösen

„Jeder Mensch trachtet danach zu (über)leben, zu wachsen und nahe bei anderen zu sein. Alles Verhalten drückt diese Zeile aus, unabhängig davon, wie gestört es erscheinen mag... Das, was die Gesellschaft krankes, verrücktes, dummes oder schlechtes Verhalten nennt, ist in Wirklichkeit der Versuch seitens des ge-känk-ten Menschen, die bestehende Verwirrung zu signalisieren und um Hilfe zu rufen"

Virginia Satir

Empath und Narzisst - wie passt das zusammen?

Vielleicht hast du schon öfter diese beiden Begriffe im Zusammenhang miteinander gehört. Zuerst ist wichtig zu beachten, dass in diesem Buch die beiden Begriffe nicht wertend verwendet werden. Empathische und narzisstische Anteile hat jeder Mensch, sie können je nach Beziehungskonstellation mehr oder weniger zum Vorschein kommen und entsprechende Dynamiken begünstigen. Narzisstische Anteile in einem charakterstarken Menschen bedeuten nicht, dass dieser eine narzisstische Persönlichkeitsstörung aufweist. In diesem Buch drehen sich die beschriebenen Beziehungsdynamiken um „normalneurotische" zwischenmenschliche Strukturen. Bei Verdacht auf tieferliegende Probleme können mit den folgenden Hinweisen keine Diagnosen gestellt werden. Es geht vorrangig darum, dass du als Empath lernst zu erkennen, ob du dich in einer ungesunden Beziehung befindest und wie du dich davon lösen kannst.

Narzisstische Persönlichkeitsanteile zeigen sich unter anderem durch geringes Einfühlungsvermögen, einen stark ausgeprägten Fokus auf die eigenen Leistungen und die eigene Person, übersteigerte Selbstverliebtheit und intimitätsvermeidende Verhaltensmuster. Im tiefsten Kern liegt dem Narzissmus ein sehr niedriges Selbstwertgefühl zugrunde, der Mensch schützt sich durch seine prahlerische Schutzschicht vor Verletzungen und dem Zusammenbruch dieses Wertgefühls.

Der narzisstisch orientierte Mensch nutzt demnach seinen Partner oft dazu, sich selbst besser zu fühlen und auch in seiner Umgebung für Respekt und Bewunderung zu sorgen. Er schwelgt in der Bewunderung und Anpassungsfähigkeit des Partners und muss sich selbst kaum bewegen, um die Beziehung am Laufen zu halten – der Partner tut seinerseits alles dafür. Dies ist auch der Grund dafür, warum gerade Empathen oft mit narzisstischen Menschen in eine Verbindung gehen – die beiden Muster begünstigen sich gegenseitig und können bei unbewusstem Umgang miteinander schnell ungesunde Strukturen entwickeln.

Ungesunde Strukturen zwischen narzisstisch und empathisch veranlagten Menschen

Viele Dynamiken entwickeln sich in einer solchen Beziehung mit der Zeit. Zu Beginn erscheint vor allem dem Empathen der Partner oft wie die Erfüllung all seiner romantischen Träume. Leila hat durch starke Verliebtheitsgefühle und dem lang ersehnten Ja von

Markus zu der Beziehung – und letztlich zu ihr als Person – wie sie hofft, starken emotionalen Auftrieb erhalten. Sie bewundert die Selbstverständlichkeit, mit der er scheinbar durch den Alltag geht. Er beschwert sich zwar hin und wieder über viel Stress auf der Arbeit oder zu wenig Freizeit, macht jedoch im Allgemeinen den Anschein, seinen Weg bewusst gewählt zu haben und dazu zu stehen. Er scheint nicht besonders unter der Situation zu leiden und er scheint nicht zu beabsichtigen, akut etwas ändern zu wollen. Die Leidtragende ist vor allem Leila, die sich mehr Zeit und Intimität wünscht. Somit entsteht das Ungleichgewicht in der Verbindung, in der Leila in ihren Bedürfnissen von Markus´ Entscheidungen abhängig zu sein scheint, wenn sie ihre Wünsche explizit von ihm erfüllt wissen möchte.

Beide Parteien tragen in gleichem Maß zu der bestehenden Situation bei: Markus verhält sich ich-bezogen und kümmert sich vorrangig um sich selbst, ohne viel Zeit darin zu investieren, die Folgen zu bedenken, die seine Entscheidungen für seine Partnerin beinhalten. Es stellt sich die Frage, ob er grundsätzlich bereit ist, seinen Raum überhaupt mit einem anderen Menschen so intensiv zu teilen und sich in einen Austausch zu begeben, der auch dem anderen Menschen dieselbe Bedeutung zumisst, die er seinen eigenen Bedürfnissen zukommen lässt.

Leila hat sich in ihrem Verhalten ganz nach ihrem Partner ausgerichtet. Niemand hat dies explizit von ihr erwartet oder verlangt, doch aufgrund ihrer alten Muster ist sie von vornherein mit der Haltung in die Beziehung gegangen, Opfer zu bringen. Der Prozess verlief schleichend und nun findet sie sich in der Position des Anhängsels wieder. Sie richtet ihre Aufmerksamkeit vorrangig auf die Beziehung und alles, was damit zusammenhängt – auch ihre Wünsche an Markus sind ihr stetig präsent und sie kann sich schwer auf andere Bereiche ihres Lebens konzentrieren. Womöglich erfährt sie nur Auftrieb und hat Energie für Freunde, Hobbys und gestalterische Handlungen, wenn sie den für sie passenden Zuspruch durch Markus erhalten hat. Da dieser nicht regelmäßig abrufbar ist, lebt Leila immer unter ihrem

Potential und hat die Verantwortung für ihr Glück unbewusst an ihren Partner abgegeben.

Leila hat noch nicht den Selbstwert entwickelt, der sie selbst in ihren Entscheidungen an erste Stelle setzt. Die Angst vor dem Verlassenwerden steht ihrem Wunsch nach einer glücklichen Beziehung im Weg, denn sie wählt einen Partner, der von vornherein das alte Muster bedient, welches sie von Kind an gewohnt ist.

Wenn sie den Weg der Bearbeitung ihrer Wunden geht, kann sie lernen, für sich einzustehen und dafür sogar eine mögliche Trennung in Kauf zu nehmen, obwohl dies nicht vorprogrammiert sein muss, denn auch Markus entwickelt sich weiter und wenn die beiden einander wichtig sind, können sie gemeinsam an ihren Herausforderungen wachsen und einander entgegenkommen. Wenn Leila zu sich steht, findet sie Sicherheit und ein volles Ja zu ihrer Person zuerst in sich selbst. Dann besteht die Chance, dass die alten Verhaltensmuster auf beiden Seiten nicht mehr funktionieren und Platz für Neues geschaffen werden kann. Eine Begegnung auf Augenhöhe ist möglich, sobald auch Leila begreift, dass sie die Verantwortung für ihr Wohlergehen, welches sie in Markus´ Hände gelegt hat, zu sich zurückholen kann.

In ihrem Selbstbewusstsein geschwächte Empathen finden oft in dem schillernden Partner, der so selbstbewusst und stark daherkommt, genau die Eigenschaften wieder, die sie bewundern und eigentlich an sich selbst vermissen. Schlagfertigkeit, klare Grenzen, die selbstverständliche Erwartung der Erfüllung ihrer Bedürfnisse und – zumindest oberflächlich – ein Ruhen in sich selbst sind Teile der Persönlichkeit, die dem Empathen sehr imponieren und ihn unbewusst auch an Charaktereigenschaften erinnern, die er sich als Kind in der Beziehung zu seinen Eltern gewünscht hat, um sich sicher, geführt und aufgehoben zu fühlen.

Anzeichen einer ungesunden Beziehungsstruktur

Wenn du dich als Empath in einer Beziehung befindest, in der du emotional stark verhaftet und intensiv verliebt bist, kann es ein wenig Zeit benötigen, bis du dir über Bereiche bewusstwirst, unter denen du mehr leidest, als du bisher vielleicht zugeben konntest. Du hast dich auf die positiven Aspekte konzentriert und vom ersten Kennenlernen an auf die Eigenschaften deines Partners reagiert, die dich in ihren Bann gezogen haben. Vielleicht kennst du Gedanken wie:

„Er hat alles, was ich mir je gewünscht habe!"

„Ich werde nie einen Besseren finden! Und er sieht so gut aus!"

„Gestern hat er gesagt, dass ... Auf so etwas warte ich schon seit Jahren."

„Ich hätte nie gedacht, dass ich so jemanden verdient habe."

Wenn bestimmte Verhaltensweisen deines Partners dir wehtun, bist du schnell dabei, diese vor dir selbst oder auch deinen Freunden zu entschuldigen und dich zu beruhigen:

„Es ist nur eine Phase."

„Wir kennen uns ja kaum – vielleicht braucht er einfach noch etwas Zeit."

„Nicht jeder Mensch ist perfekt, ich kann von ihm nicht erwarten, dass er immer alles richtig macht. Ich würde auch nicht wollen, dass er dies von mir verlangt, oder?"

„Eigentlich ist mir das wirklich wichtig ... aber Menschen entwickeln sich weiter, stimmt´s? Er wird sicher nicht so bleiben, wie er gerade ist."

Beim Lesen fällt dir vielleicht auch die Ambivalenz im Erklärungsversuch auf, die Unsicherheit in der Fragestellung. Ein Empath, der sich seiner Bedürfnisse zwar bewusst ist und sie benennen kann, doch sich bezüglich deren Erfüllung abhängig vom Partner gemacht hat, schwankt immer hin und her zwischen dem, was er sich wünscht, der Trauer über den Mangel und der eigenen Beschwichtigung durch das Verständnis gegenüber dem Partner. Somit kann er kaum klar Position beziehen und strahlt Unsicherheit aus, die sich auf die Atmosphäre zwischen den Partnern auswirkt. Der andere spürt die unklare Haltung – ob bewusst oder unbewusst – und übernimmt daher wie selbstverständlich den Raum für die Gestaltung der Partnerschaft, der gemeinsamen Zeit, der Gespräche und so weiter. Dies begünstigt die fehlende Augenhöhe und der Empath rutscht immer weiter in die Abhängigkeit.

Zudem kann eine unklare Haltung seitens des Empathen dazu führen, dass der Partner ihn nicht wirklich greifen und daher nicht ernst nehmen kann – der Respekt schwindet. Wenn der Empath Unsicherheit bezüglich seines Selbstwertes, seiner Meinung, seiner Art zu leben und die Welt zu betrachten ausstrahlt und sich immer wieder wie ein Fähnchen im Wind bewegt, um nicht anzuecken, bewirkt er oft genau das Gegenteil: Ein – zumindest äußerlich – selbstsicherer Mensch greift in spiegelndem Verhalten das auf, was ihm entgegengebracht wird. In diesem Falle ist es der fehlende Selbstwert. Ein narzisstisch veranlagter Mensch wird diese Eigenschaft ablehnen oder sogar verabscheuen, denn sie dient wiederum nicht der pompösen Darstellung seines eigenen Ichs. Sie erinnert ihn an seine eigene Unzulänglichkeit, was dazu führen kann, dass er sich dem Partner gegenüber abwehrend verhält, er möchte nichts mit diesen unangenehmen Gefühlen zu tun haben. Wenn Leilas Unsicherheit diese Gefühle in Markus hervorruft, verhärten sich die Fronten: Markus wird noch weniger von sich geben und Leila noch mehr ersehnen.

Wichtig ist, dass es nicht um eine Schuldfrage geht: Jeder Partner ist für sein eigenes Empfinden selbst verantwortlich. Leila ist nicht schuld daran, wenn Markus sich durch ihre Unsicherheit an sein eigenes Unvermögen erinnert fühlt und Markus ist nicht verantwortlich für das innere Glück und die Zufriedenheit seiner Partnerin. Doch klar ist, dass beide Menschen sich sowohl mit sich selbst als auch miteinander auseinandersetzen müssen, um diese Entwicklungen zu erforschen, aufzuhalten und wenn möglich zu transformieren.

In all den Fragen, die der Empath sich bezüglich des vermeidenden Verhaltens seines Partners stellt, steckt auch ein Fünkchen Wahrheit. Es ist tatsächlich wichtig, sich gegenseitig Zeit zu lassen und einander besonnen und Schritt für Schritt kennen zu lernen. Als Single ist die Lebensgestaltung viel weniger mit Kompromissen und gemeinsamen Absprachen verbunden, der Mensch kann sich in seinem eigenen Raum frei entfalten und muss nicht unbedingt die Belange eines Gegenübers mit einbeziehen. Wer sich auf eine Partnerschaft einlässt, sagt zugleich auch Ja dazu, seinen persönlichen Raum mit einem anderen Menschen zu teilen und gemeinsam zu gestalten. Dahingehend ist es bedeutend leichter, wenn die Vorstellungen von der Gestaltung des partnerschaftlichen Lebens kompatibel sind und es benötigt naturgemäß eine gewisse Zeit, sich aneinander zu gewöhnen und aufeinander einzustellen.

Der abhängige Empath tendiert dazu, die Entwicklungen beschleunigen zu wollen. Er sehnt sich nach Einheit und Verbundenheit, nach tiefer Nähe und Austausch oft aufgrund seines erlebten Mangels und nicht aus einer Haltung der Fülle heraus. Erst, wenn er gelernt hat, bei sich zu bleiben und mit sich selbst zufrieden zu sein, wird er in der Lage sein, die Entwicklung der Beziehung auf einem realistischen Niveau zu betrachten und klug zu unterscheiden, ob der Partner die Nähe vermeidet und sich herausredet oder ob die Fusion gesund und mit der nötigen Geduld vonstattengeht.

Im Bereich der Teambildung wird von vier unterschiedlichen Fusionsphasen gesprochen. Aus diesen Fusionsphasen lassen sich auch interessante Parallelen zur Beziehungsbildung im Privatleben erkennen – schließlich geht es sowohl im Bereich der Wirtschaft, als auch im Persönlichen um fundamentale, menschliche Grundzüge, die für soziales Miteinander von Belang sind.

Die Phasen des Zusammenwachsens gestalten sich wie folgt:

➢ Forming

In dieser Phase lernen sich die beteiligten Menschen erstmals kennen und beobachten, was der andere mit in den gemeinsamen Raum hineinbringt: Wer ist der andere? Was hat er zu bieten? Was möchte er vom Leben/vom gemeinsamen Projekt? Kann ich ihm vertrauen?

In dieser Phase möchten viele Menschen im privaten Bereich der Partnerschaft entweder jemanden schon von vornherein ausschließen oder eben gleich fest machen, dass der andere der Richtige ist, mit dem sie am liebsten eine feste Beziehung eingehen möchten. Schuld daran sind die Hormone, die für Verliebtheit und Hochgefühle sorgen. Ihnen liegt oft auch ein Gefühl von „ich erkenne dich" zugrunde, was jedoch zu Anfang meist nichts anderes bedeutet, als dass bestimmte Eigenschaften des anderen unbewusst an etwas erinnern, das dem inneren System aus früheren Erfahrungen und Beziehungen bekannt ist (insbesondere aus der Kindheit) und sich daher intensiv vertraut und gewohnt anfühlt. Die Forming-Phase ist daher in keinster Weise dazu geeignet, von vornherein eine Entscheidung für einen Menschen zu treffen.

Im Fall Leilas ist es daher angebracht zu reflektieren: Befindet sich die Partnerschaft noch in der Forming-Phase? Wenn ja, wie kann Leila hin und wieder von ihren starken Gefühlen von Markus entspannt etwas Abstand nehmen, um Markus unvoreingenommen kennen zu lernen? Sie kann sich andererseits auch entscheiden, die positiven Gefühle und schönen Zeiten einfach zu genießen in dem Wissen, dass es nicht um eine Phase intensiver Erwartungen geht und die Phase des tieferen Zusammenfindens noch bevorsteht. Wenn sie fähig ist, ihre Erwartungen loszulassen und von Herzen zu genießen, ohne sich unter Druck zu setzen, ist auch dies eine gesunde Einstellung.

Empathische Menschen haben allerdings oft Schwierigkeiten damit, ohne tieferen Sinn einfach etwas zu genießen. Aufgrund ihrer Sensibilität und natürlichem Hang zur Ernsthaftigkeit, Echtheit in Beziehungen und wahrer Intimität liegt ihnen oft nicht so viel an oberflächlichen Abenteuern. Zudem spüren sie sehr schnell, wenn jemand definitiv NICHT zu ihnen passt oder sie jemanden nicht mögen. Haben sie bereits den Mut, zumindest in diesem Punkt am Anfang schon ein klares Nein auszusprechen, so bleibt nur noch die Reflexionsarbeit mit einem Menschen, zu dem sie sich von Anfang an hingezogen fühlen – hier beginnt die eigentliche Arbeit, denn der Empath steht vor der Herausforderung, seine alten Muster von neuem, gesunden Verhalten zu unterscheiden.

> Storming

Wie der Name schon sagt, ist die Storming-Phase von stürmischen Auseinandersetzungen geprägt. Jeder Beteiligte macht seinen Standpunkt klar, versucht, seinen Raum zu verteidigen und zu halten und prüft den anderen auf Herz und Nieren. Es stellt sich die Frage, wer welche Rolle im gemeinsamen Gefüge spielt und inwieweit die individuellen Bedürfnisse gegenseitig wahrgenommen und berücksichtigt werden.

In der beginnenden Partnerschaft spielen sich die Vorgänge zwischen zwei Menschen ab, die aufeinander fokussiert sind. Daher ist diese Phase umso herausfordernder und intensiver.

Ein Mensch wie Markus, der gewohnt ist, sein Leben allein zu gestalten und damit auch recht zufrieden scheint, wird womöglich für eine gewisse Zeit intensiv seinen Raum verteidigen. Dies kann er passiv durchsetzen, indem er seine Zuneigung verweigert, sich auf seine eigenen Interessen konzentriert, eher schweigsam ist oder aktiv, indem er einen bestimmenden Ton an den Tag legt, Ärger gegen den Partner richtet oder ihn in der Kommunikation abwertet und seine eigenen Beiträge zur Gemeinschaft hervorhebt.

Dieses Verhalten bedeutet nicht, dass die Partnerschaft nicht gewollt ist. Vielmehr ist eine neue Phase angebrochen, in der beide Partner sich ganz neu einstellen und positionieren müssen. Es braucht Zeit, Vertrauen zu fassen, indem solche Konflikte auch ausgehalten werden.

Häufig kommen genau hier bestimmte Trigger zum Tragen, die in der ersten Phase des Forming noch nicht sichtbar wurden: Alte Muster, Verletzungen, wunde Punkte und gegenteilige Gewohnheiten prallen aufeinander und die beiden Partner möchten einander beweisen, dass sie jeweils im Recht liegen.

Wichtig ist, sich bewusst zu machen, dass in dieser Phase bestimmte Auseinandersetzungen vollkommen normal und auch angebracht sind. Es geht darum, den Partner und seine verletzlichen Seiten kennen zu lernen, zu beobachten und zuerst auch stehen zu lassen. Wenn beide Parteien sich dafür entscheiden, diese Zeit durchzuhalten, nicht alles, was zwischen ihnen geschieht, persönlich zu nehmen und respektvoll miteinander umzugehen, ist es möglich, zusammen zur nächsten Phase überzugehen.

Die Storming-Phase offenbart Charaktereigenschaften beider Partner, die es zu beachten gilt. Der Gedanke, dass es sich nur um eine gewisse Zeit handelt, ist verführerisch und teils auch wahr, denn die intensive Zeit fordert die beiden stark heraus. Doch der Kern dessen, was in der Persönlichkeit nun sichtbar wird, ist real und es lohnt sich, dass beide Partner nun sorgsam beginnen zu prüfen, ob sie mit dem anderen wirklich zurechtkommen.

Vielleicht zeigen sich Anteile, die besorgniserregend sind. Schau nicht weg! Reflektiere mutig, ob es sich um einfache Macken beim Partner handelt oder ob du dich tiefsitzenden Gewohnheiten, Haltungen und Mustern öffnest, die dir tatsächlich nicht guttun. Lass dir mit dieser Prüfung Zeit, gern auch bis in die nächste Phase hinein, es sei denn, dein Bauchgefühl sagt dir spätestens jetzt, dass du mit diesem Menschen eigentlich nicht zusammen sein möchtest und dir nicht vorstellen kannst, wirklich mit ihm zu leben.

Die Storming-Phase zeigt einmal mehr, ob ihr beiden eine reelle Chance auf eine gemeinsame Zukunft habt. Navigiert auf Augenhöhe gemeinsam euer Beziehungsschiff durch den Sturm, setzt euch Ziele und prüft, ob ihr in die gleiche Richtung blickt.

Die Beziehung entwickelt sich in eine ungesunde Richtung, wenn Empath und Narzisst hier ihre gegenseitigen Muster bedienen, indem der Empath zum Beispiel zulässt, dass der Partner den aktiv verteidigenden Raum für sich allein beansprucht und erlaubt, dass seine Bedürfnisse zurückgedrängt und ignoriert werden. Beide Partner stehen in der Verantwortung, die Konflikte zu reflektieren, den Prozess zu hinterfragen und bewusst an ihren eigenen Baustellen zu arbeiten. Wenn Empath und Narzisst sich über ihre jeweiligen Tendenzen klar sind und darüber kommunizieren, besteht eine gute Chance, dass ungesunde Strukturen vermieden werden können.

> Norming

Die Norming-Phase bedeutet eine Beruhigung des Sturms. Die Parteien sind durch eine herausfordernde Zeit gegangen und nun bereit, das gemeinsame Projekt partnerschaftlich anzugehen. Sie schätzen die positiven Anteile aneinander, konzentrieren sich auf das gemeinsame Ziel und lassen langsam davon ab, bestimmte Verhaltensweisen des Partners persönlich zu nehmen und negativ zu bewerten. Das gemeinsame „Wozu?" gewinnt an Bedeutung und die beiden formen eine neue Realität, zu der sie freiwillig ihren Anteil beitragen.

In der Norming-Phase wird deutlich, ob die Entscheidung, gemeinsam weiterzugehen, richtig war und sich als tragfähig erweist. Wenn sich in der Storming-Phase ungesunde Muster entwickelt haben, die dir als Empath nicht guttun, wirst du dich nun bereits in einer Situation befinden, in der sich Gewohnheit abzeichnet und du Kraft aufwenden musst, um die Strukturen wieder zu verändern. Die Norming-Phase bedeutet nicht unbedingt nur Gutes, wenn du dich noch in einem Aufarbeitungsprozess deiner destruktiven Haltungen befindest.

Es zeigt sich nun, inwieweit deine Empathiefähigkeit der Beziehung dient oder eben einen narzisstischen Anteil deines Partners begünstigt. Ein gewisser narzisstischer Anteil ist tatsächlich positiv zu betrachten, weil er den Selbstwert steigert, dich handlungsfähig macht und dafür sorgt, dass du Selbstliebe trainieren kannst. Es ist gut möglich, dass dich dieser Part an deinem Partner fasziniert, weil er bei dir noch fehlt und wachsen möchte.

> Performing

Die Performing-Phase bezeichnet die eigentliche Umsetzungszeit der gemeinsamen Ziele, des Zusammenlebens und des Alltags.

Erst hier wird beiden bewusst, dass sie in eine neue Zeit eingetreten sind, in der die Haltung des Lonesome Riders nicht mehr dienlich ist und auch nicht mehr gewollt wird.

Diese Phase entsteht in einer Partnerschaft üblicherweise nach einer längeren Vorlaufzeit durch die anderen Phasen. Viele Menschen wünschen sich in einer Beziehung schnell diese Zeit herbei und sind enttäuscht und frustriert, wenn sie auf sich warten lässt. Gerade als Empath hast du wahrscheinlich wie Leila den tiefen Wunsch nach Intimität von Anfang an, das Leben gemeinsam zu bestreiten und sich als eine Einheit zu begreifen, die nichts zwischen einander kommen lässt und sich gegenseitig stets als Priorität begreift.

Die Wahrheit ist jedoch, dass die ersten drei Phasen nicht dafür gemacht sind, von vornherein eine Atmosphäre des Performing zu erleben. Wie bei einer Zwiebel wird in der Kennenlern- und Fusionszeit Schale um Schale abgepflückt, bis der wertvolle Kern echter Partnerschaftlichkeit freigelegt ist. Dazu benötigt es Durchhaltevermögen, Wohlwollen und eine Menge Geduld.

Zu echter Partnerschaft findet ein Paar nur, wenn es in den Phasen vor dem Performing gesunde Strukturen entwickelt. Wenn du dich als Empath in einer ungesunden Beziehung befindest und entscheidest, diese aus purer Hoffnung weiterzuführen, wirst du dein zutiefst erwünschtes Ziel, in diese Phase zu kommen, nicht erreichen. Es ist schlicht nicht möglich, echte Authentizität, gemeinsames Vertrauen und tiefe Intimität zu leben sowie ein gemeinsames Ziel zu verfolgen, wenn die Augenhöhe nicht besteht, die dafür nötig ist und stattdessen Abhängigkeiten die Verbindung bestimmen.

Mache dir daher bewusst: Deine Partnerwahl darf nicht ausschließlich darauf beruhen, wie tief du für jemanden emotional empfindest. Wenn du es nicht schaffst, dich in der Verbindung weiterzuentwickeln, Heilung zu erfahren, mit der Zeit zu erblühen und deine Empathiefähigkeit als Schatz zu nutzen und stattdessen vorrangig unter nicht erfüllten Bedürfnissen leidest, wird dein Wunsch nach einer Traumbeziehung ein Wunsch bleiben.

Es geht daher darum zu erkunden, in welcher Phase eure Beziehung sich aktuell befindet, ob bereits ungesunde Anteile die Führung übernehmen und ob ihr euch stetig in eine Richtung vorwärtsbewegt – faktisch, nicht nur theoretisch und hoffnungsvoll. Es ist nicht leicht, eine tatsächliche Fusionsphase in einer Beziehung oder typische Konflikte, die dazu gehören, von ungesunden Entwicklungen zu unterscheiden.

Ein wichtiger neuer Glaubenssatz, den zu entwickeln dir immens weiterhelfen kann, ist: „Mein Bauchgefühl hat immer Recht." Bauchgefühl meint hier nicht etwa die alten Muster, nach denen dein inneres Frühwarnsystem dich vor Verletzungen schützen möchte und daher vielleicht auch gesunde Entwicklungen als gefährlich einstuft, weil das Neue noch so ungewohnt erscheint. Das Bauchgefühl ist deine Intuition, auf die du dich vollkommen verlassen kannst. Es zeigt dir zuverlässig an, ob du dich auf dem richtigen Weg befindest. Wenn du dir selbst gegenüber ehrlich bist, wirst du erkennen, ob du mit deiner Partnerwahl faule Kompromisse eingegangen bist, die dir nicht guttun, oder ob du dich inmitten eines unbequemen, jedoch gesunden und heilsamen Entwicklungsschrittes befindest, der dir die Chance gibt, in der neuen Verbindung über deine alten Muster und Glaubensstrukturen hinauszuwachsen.

Die Herausforderung besteht darin, die rechte Unterscheidung zu treffen, denn du wirst in deiner neuen Partnerschaft in jedem Fall mit deinen wunden Punkten konfrontiert werden, die auch deine Schattenseiten zum Vorschein bringen. Es ist natürlich, dass du dich in diesen Momenten nicht besonders wohl und sicher fühlst und eventuell auch das Bedürfnis nach Flucht verspürst. Vielleicht denkst du: „So sollte ich mich in einer Partnerschaft nicht fühlen! Der Mensch tut mir nicht gut, die Beziehung ist ungesund, weil es mir darin gerade nicht gutgeht."

Dies ist nicht zwangsweise der Fall. Die Konfrontation mit deinen Schatten ist unausweichlich, wenn du jemanden nah an dein Herz heranlässt und dich verletzlich zeigst. Der Unterschied zwischen einer gesunden und einer ungesunden Entwicklung besteht darin, wie ihr gemeinsam euren Herausforderungen entgegentretet: Erkennt ihr eure Probleme als das an, was sie meist sind: Früchte aus den Verletzungen eurer jeweiligen Vergangenheit, die es durch neue Verhaltensweisen zu ersetzen gilt? Oder entwickelt sich die Beziehung als ein Schlachtfeld voller Wiederholung des Alten ohne jeglichen Ausblick auf einen Ausweg? Seid ihr lösungsorientiert oder dreht ihr euch in euren jeweiligen alten Mustern im Kreis?

Empathen erleben oft, dass Menschen in ihrem Umfeld sie für zu sensibel und verweichlicht halten und dass sie Elefanten sehen, wo nur eine Mücke ist. Erlaube dir daher, mit deinen sozialen Kontakten wählerisch zu sein. Empathische Menschen neigen auch dazu, sich von den Meinungen und Sichtweisen anderer stark beeinflussen zu lassen, wenn sie sich nicht ständig darüber bewusst sind, erst zu prüfen, ob diese ihnen auch dienen. Wenn du erlaubst, dass deine Beziehung von außen beurteilt wird und unterschiedliche Menschen ihre Meinung dazu zum Besten geben, ohne dass du sie darum gebeten hast oder weißt, dass es für deinen Prozess dienlich ist, kann es sein, dass dein Bauchgefühl sich kurzzeitig verwirren lässt und du dich erst durch den Nebel kämpfen musst, der dadurch entsteht, dass dein Gefühl und das deiner Mitmenschen sich miteinander vermischen. Du kannst es dir viel leichter machen, indem du dir in aller Stille erst deine eigenen Bedürfnisse, Ziele und Wünsche für deine Beziehung klarmachst, bevor du anderen erlaubst, etwas dazu zu sagen.

Von diesem Standpunkt aus kannst du beurteilen, in welche Richtung deine Beziehung gerade verläuft und was dein Bauchgefühl, gepaart mit deiner Vernunft, über die Chancen einer gesunden Verbindung zu sagen hat.

In den unterschiedlichen Phasen einer sich entwickelnden Verbindung erscheinen bei toxischen Tendenzen bestimmte Warnsignale, auf die du als Empath besonderes Augenmerk legen solltest. Diese können sowohl in der Verantwortung deines Partners als auch in der deinen liegen. Im Folgenden erhältst du eine Übersicht über typische Anzeichen, bei denen du aufhorchen solltest und die am Ziel einer erfüllenden „Performing-Beziehung" auf Dauer vorbeiführen werden.

*

Eindeutige Warnsignale für ungesunde Beziehungsstrukturen von Seiten des narzisstisch veranlagten Partners:

> Dein Partner nimmt dich nicht ernst und spielt deinen Schmerz herunter:

Immer wieder erlebst du im Gespräch, dass dein Partner mit den Augen rollt, seine Aufmerksamkeit abzieht, sich abwehrend positioniert oder sein Verhalten verteidigt, ohne dir liebevoll zuzuhören und dich verstehen zu wollen. Er bezeichnet deine Bedürfnisse als übertrieben, stellt dich als hypersensibel dar und spricht mit dir in überheblichem Ton, der dich zum Schweigen bringen soll. Zudem hast du immer wieder das Gefühl, dass es dir nicht erlaubt ist, Schmerz oder Verletzung überhaupt zu empfinden und dein Partner sich überhaupt nicht kritikfähig zeigt. Wenn dir etwas wehtut, zieht er sich aus der Verantwortung und schiebt dir die Verantwortung für dein Empfinden zu. Dabei geht es nicht darum, dass er dich in deiner Eigenverantwortung ermutigen möchte, sondern darum, sich aus der Affäre zu ziehen und seine Verantwortung nicht zu übernehmen. Hintergrund dessen kann sein übersteigertes narzisstisches Selbstbild sein, welches Kritik nicht zulässt, damit der gefühlte Selbstwert nicht in sich zusammenbricht.

> Das Interesse deines Partners lässt nach, sobald es nicht um ihn geht:

Wenn du dich traust, deinem Partner einen Teil deines Herzens zu offenbaren, der ihm nicht direkt in die Karten spielt, nichts mit seiner Person zu tun hat und sich vor allem um das dreht, was dir wichtig ist, spürst du, dass sein Herz sich verschließt und er dir nicht mehr aufmerksam zuhört. Vielleicht stellt er auch Fragen wie: „Und was hat das jetzt mit mir zu tun?" „Und was habe ich davon?" „Warum erzählst du mir das?" Ein stark narzisstisch veranlagter Mensch kann es schlecht ertragen, wenn nicht die volle

Aufmerksamkeit bei ihm liegt und er in Interessen oder Überlegungen des Partners keine Rolle spielt. Er nimmt diese Aussparung seiner Wichtigkeit persönlich und kann nicht sehen, dass der Empath ihm sein Herz aus Vertrauen öffnet und dies eigentlich ein Liebesbeweis ist. Er scannt das Gehörte nur auf seinen Vorteil ab. Dahinter steckt die tiefsitzende Angst, nichts wert zu sein und nichts zu bedeuten. Er kann den Gedanken nicht ertragen, für einen Moment nicht bewundert und vielleicht vergessen zu werden.

➢ Du passt dich extrem an:

Wenn es um alltägliche Entscheidungen wie Freizeitbeschäftigungen, Einkäufe, Wohnungseinrichtung und Gesprächsthemen geht, ist es so gut wie immer der Partner, der ganz natürlich das Geschehen lenkt. Du hast vielleicht auch Ideen, doch hältst sie zurück, oft mit Sätzen wie: „Mir ist das egal, entscheide du!" oder „Was immer du willst."

Hier geht es nicht um gelegentliche entsprechende Vorkommnisse, sondern um ein Muster, das bereits etabliert ist. Zudem spürst du, dass du öfter nicht einverstanden bist mit dem, was dein Partner entscheidet oder dass du traurig wirst, weil er nie danach fragt, was du möchtest. Du begünstigst dieses Verhalten, indem du deine Empathie und dein Mitgefühl walten lässt: Du bist mit deiner Aufmerksamkeit bei deinem Partner und schluckst unangenehme Gefühle herunter. Oft tarnt sich der scheinbar freiwillige Verzicht auch als großzügige Liebesgabe, als ein Akt der Selbstlosigkeit. Die Grenzen zur übermäßigen, ungesunden Anpassung verlaufen fließend, daher ist es wichtig, dass du ehrlich zu dir selbst bist: Ist es dir wirklich egal, mit welchen Lebensmitteln der Kühlschrank gefüllt ist und mit welcher Farbe die Wand gestrichen wird? Gehst du mit zum Spaziergang, weil du es auch genießen kannst oder tust du es aus Angst, Liebe zu verlieren oder den anderen zu kränken? Beachte die tieferliegenden Emotionen für deine Entscheidungen und deine Haltung gegenüber deinem Partner. Es spricht nichts dagegen, dass ihr euch entgegenkommt, in der Tat ist dies in einer nahen Verbindung unvermeidlich und auch gesund. Doch wenn du aus Angst vor unangenehmen Folgen mit allem zurückhältst und nachgibst, was dir wichtig ist, spielt dabei nicht Liebe den Schachzug, sondern deine alten Verletzungen, die eine Beziehung auf Augenhöhe verhindern.

Vielleicht gibst du auch Hobbys, eine Arbeit oder andere Leidenschaften auf, die dir viel bedeuten, von deinem Partner aber nicht anerkannt werden. Hier darfst du aufmerken: Diese Entwicklung ist bereits ein Zeichen beginnender oder schon etablierten Abhängigkeit: Begleiten dich folgende Gedanken:

„Es war ja auch Zeit, loszulassen."

„Es ist schon okay, ich hab jetzt einfach andere Dinge zu tun, in einer Partnerschaft geht es einfach nicht mehr so wie als Single."

„Vielleicht hat er Recht und diese Aktivität passt wirklich nicht mehr zu mir."

„Er hat gesagt, ich soll mich um ... kümmern und dieses alberne Hobby sein lassen."

Du hast bereits zugelassen, dass dein Partner über deine Handlungen bestimmt und dich in dem, was du liebst, nicht ernst nimmt. Es kann auch ein Hinweis darauf sein, dass er dich in deinem Charakter und deinem Verhalten dazu benutzt, sich selbst in ein leuchtendes Licht zu rücken – dafür muss sein Partner Beschäftigungen nachgehen, mit denen er in seinem Umfeld gut ankommt. Sobald dein Partner dauerhaft deine Lebensweise kritisiert, obwohl sie harmlos ist und nicht einer Sucht, ungesunden Mustern oder anderen schadhaften Motivationen entspricht, kannst du davon ausgehen, dass du auf dem Weg bist, dich selbst zu verleugnen. Insbesondere, wenn du ihm zuliebe etwas an deinem Leben änderst, weil er es *verlangt*, obwohl du nicht dahinterstehst und dies selbst mit ganzem Herzen als sinnvoll erachtest, dienst du mit dieser Entscheidung einer Struktur, die dir schadet. Ihr seid nicht mehr auf Augenhöhe und die Beziehung hat unter Umständen schon länger nicht mehr das Ziel, gemeinsam zu wachsen und sich so zu entwickeln, wie du sie dir wünschst.

> **Tipp**: Hinterfrage und reflektiere dich: Bist du noch auf dem richtigen Weg? Hast du deine Ziele und tiefsten Wünsche für dein Leben noch im Blick, fühlst du dich angeschlossen an ein größeres Bild, das dich belebt? Führt die Beziehung dich langsam, aber sicher weg von deiner Essenz und laugt dich aus? Vielleicht beschleicht dich auch das Gefühl, dass du dich immer mehr in einem Wartezustand befindest. Du wartest auf Zeit, Aufmerksamkeit und kleine, liebevolle Gesten deines Partners, bereitest schöne Zeiten für ihn vor, während er selig beschäftigt ist mit dem, was für ihn wichtig ist, wobei er dich in seinen Zeitplan einfügt, wann es ihm passt.

- Du hast dauerhaft das Gefühl, in deiner Beziehung nicht ganz bei dir sein zu können. In Gegenwart deines Partners wirst du dir fremd, bist emotional vor allem im Außen und hast Schwierigkeiten damit, dich sicher, klar und frei zu fühlen.

Dieser Punkt bezieht sich auf dein Lebensgefühl und deine seelische Verfassung: Spürst du, dass die Beziehung dir Freude, Kraft und Vitalität schenkt? Oder laugt sie dich aus, hält ständiges Drama und Streitgespräche bereit? Vielleicht stellst du auch fest, dass du dich wie in einer Art grauem Schleier befindest, seit du die Verbindung eingegangen bist. Wenn du eine Meinung hast, kann ein einziges Argument deines Partners dich verunsichern und dazu führen, dass du deinen Standpunkt nicht mehr vertreten kannst. Wenn er nicht in deiner Nähe ist, fühlst du dich entweder erleichtert und atmest auf oder du fühlst dich schwach und kindlich, sehnst seine Unterstützung herbei.

Auch hier zeigt sich eine bereits stark ausgeprägte, ungesunde Entwicklung, die darauf hinweist, dass die Beziehung grundsätzlich in Frage gestellt werden sollte – oder viel Zeit, Arbeit und Bereitschaft auf beiden Seiten benötigt, die Dynamik zu durchbrechen. Beachte: Dies geht nur zu zweit. Wenn dein Partner keine Einsicht zeigt und aktiv einen Weg der Heilung mit dir geht, ist es ratsam, eine Trennung zu deinem Wohl in den engeren Kreis der Möglichkeiten einzubeziehen.

Ungesunde Beziehungsstrukturen entwickeln sich nicht zwingend von einer Seite: Es ist naheliegend, den narzisstisch veranlagten Partner in die Täter- und den Empathen in die Opferrolle zu schieben, doch beide Veranlagungen bedingen sich gegenseitig. Wenn du als Empath liebevolle, doch klare und eindeutige Grenzen hast und dafür einstehst, können die – meist unbewussten – Methoden des Partners gar nicht zum Tragen kommen, denn sie finden keine Plattform.

Somit solltest du sanft und liebevoll reflektieren, an welchem Punkt in deiner Entwicklung du dich gerade befindest. Aus den Beobachtungen deines Verhaltens im Alltag und deiner anderen sozialen Beziehungen ergeben sich wertvolle Hinweise, die dir spiegeln, ob du für eine tiefe Bindung und verantwortungsvolle Partnerschaft gerade bereit bist. Du musst nie bewerten, was dir auffällt. Im Gegenteil: Solltest du feststellen, dass du in einigen Punkten Heilung benötigst, ist es ein wundervoller Akt der Selbstliebe, dir bewusst eine Zeit zu nehmen, in der du nur dir selbst Aufmerksamkeit schenkst und dich um deine Bedürfnisse kümmerst. In bewusst gewählten Zeiten des Singleseins kannst du lernen, gut für dich zu sorgen und mit Achtsamkeit, Liebe und Respekt dein Leben so zu gestalten, wie du es brauchst, um dich wohl, sicher und geborgen zu fühlen. Je mehr du bei dir selbst ankommst, umso tiefer können deine nahen Beziehungen in der Folge werden, denn du kannst jemanden nur so tief an dich heranlassen, wie du selbst mit dir in Kontakt stehst.

Hier erhältst du einige Hinweise auf eindeutige Warnsignale für ungesunde Beziehungsstrukturen von Seiten des Empathen:

> ➢ Du neigst nicht nur bei deinem Partner, sondern allgemein in den meisten deiner Beziehungen zur extremen Anpassung und überzogenem Mitgefühl.

Wenn nicht nur in deiner Partnerschaft, sondern allgemein in deinem Alltag dieses Muster zutage tritt, darfst du dich noch einmal tiefer damit beschäftigen, welcher Glaubenssatz eventuell dahinterstecken könnte. Hast du manchmal das Gefühl, wie unter einem Schleier deinen Alltag zu verleben? Fühlst du dich wie ein Gast, allenfalls als Nebenrolle im Leben anderer Menschen, die womöglich unangenehme Aufgaben oder Themen auf dich abwälzen? Hast du große Schwierigkeiten damit, nein zu sagen? Kommt es oft vor, dass du auf Treffen mit anderen wartest, nach deren Zeitplan lebst, dich ihrem Rhythmus anpasst? Fällt es dir schwer, zuerst deinen Standpunkt klarzumachen, bevor du weißt, wie die Haltung deines Gegenübers dazu ist? Steht das Verständnis nicht nur für deinen Partner, sondern auch für Kollegen, Verwandte und Freunde meist an erster Stelle vor der Wahrnehmung deiner Bedürfnisse? Ertappst du dich über einen längeren Zeitraum hinweg dabei, dass du über deine körperlichen und seelischen Grenzen gehst oder deine Wertegrenze verschiebst, um es anderen recht zu machen und ihnen nicht auf die Füße zu treten?

Ein erster Schritt in eine heilsame Richtung kann sein, diese Tendenz in dir anzuerkennen und den Tatsachen voll und ganz ins Auge zu sehen: „Ja, so ist es. Ich bin konstant dabei, meine eigene Lebensform zu begraben, weil ich fortwährend mit meinem Mitgefühl im Außen bin. Ich habe mich selbst vergessen und vielleicht kenne ich meine Bedürfnisse gar nicht so richtig. Ich habe Angst davor, dass …, wenn ich mir darüber klar werde, was ich wirklich brauche."

Reflektiere darüber, was hinter deinem Verhalten steckt. Betrachte dich friedvoll, sanft, annehmend und verständnisvoll. Es gibt einen Grund dafür, warum du so handelst. Du hast nun die Chance, diesen Baustein in deinem Leben umzuformen.

> ➢ Du erlebst in vielen Bereichen deines Lebens, dass du nicht ernst genommen wirst.

Gehört es zu deiner Tagesordnung, dass du immer mit ein wenig Anspannung durch die Welt gehst, weil du erwartest, in Gesprächen und Begegnungen mit anderen Menschen verkannt und nicht gesehen, gegriffen und ernst genommen zu werden? Sehen die Menschen um dich herum oft eher ein kleines Kind in dir, statt einen erwachsenen Menschen mit eigener Haltung und eigenem Fußabdruck, den es respektvoll zu behandeln gilt? Hier kann sogar die Formulierung aufschlussreich sein: Hoffst du, besser behandelt zu werden, oder hast du schon ein Bewusstsein darüber erlangt, so wertvoll zu sein, dass du nicht als Gegenstand herumgeschubst, sondern respektvoll und auf Augenhöhe gesehen und erfahren wirst? Übe gerne an dieser Stelle, wie du selbst über dich denkst und sprichst. Wähle anstatt „behandelt werden" zum Beispiel einen Ausdruck wie: „Dieser Mensch verhält sich mir gegenüber so."

Ein weiterer Hinweis darauf, dass du regelmäßig nicht ernst genommen wirst, kann sein, dass du vielleicht öfter Wut darüber in dir spürst, als du es zulässt. Du neigst dazu, diese Wut wegzuschieben und nicht zu beachten. Vielleicht ist die Erkenntnis der Tatsachen geradezu schmerzhaft für dich oder du fürchtest dich gar vor der Wahrnehmung deiner Wut. Viele empathische Menschen, die sich nicht erlauben, wütend zu sein, beschreiben es so: „Ich habe Angst davor, was passiert, wenn ich den Deckel meiner Wut anhebe. Manchmal fürchte ich, nie wieder damit aufhören zu können, vollkommen auszurasten und alles um mich herum zu zerstören. Ich fürchte mich davor, dass meine Wut stärker ist als ich, dass sie mich auffrisst und keinen Stein mehr auf dem anderen lässt."

Wenn du möchtest, wage dich vorsichtig an die gefühlte Wahrnehmung dieser Aussage heran. Was löst sie in dir aus? Es gibt Wege, diese unbändige Wut, die so lange unterdrückt wurde und sich daher derart ansammeln konnte, Stück für Stück herauszulassen. Sie muss dich nicht überschwemmen und das Gefühl von Kontrollverlust in dir auslösen.

Betrachte außerdem deinen Freundeskreis und die Personengruppen, bei denen du dich nicht ernst genommen fühlst. Wie kommt es dazu, dass du mit diesen Menschen Zeit verbringst? Was gibt dir das Gefühl, dazu verpflichtet zu sein? Welche Anteile in dir sehen vielleicht gar keine andere Möglichkeit, als sich der Situation der fehlenden Augenhöhe immer wieder auszusetzen? Versuche, dich zu erinnern. Woher kennst du diese Zustände vielleicht von früher? Viele Menschen haben in jungen Jahren auch in der Schulzeit derartige Erfahrungen gemacht. Da die Pflicht zum Schulbesuch besteht, konnten sie der Situation nicht ausweichen und haben womöglich nie gelernt, das Problem konstruktiv zu lösen. Sie fühlen sich ausgeliefert und ohnmächtig und es blieb ihnen nichts anderes übrig, als sich innerlich taub zu stellen und die Momente über sich ergehen zu lassen.

Als Folge davon bist du heute vielleicht sehr schüchtern, kannst dich in Gegenwart dieser Menschen nicht so ausdrücken, wie du gerne würdest und ringst um authentischen Ausdruck, der ausstrahlt, dass du vielleicht selbst nicht sicher darüber bist, was in dir vorgeht. So erscheint deine Ausstrahlung deiner Umgebung nicht eindeutig. Zudem fehlt dir vielleicht der Mut, Situationen radikal zu verlassen, in denen du dich nicht wohlfühlst. Die daraus resultierende innere Anspannung bewirkt, dass du dich konstant unwohl in dir selbst und deiner Umgebung fühlst.

Wenn du diese Anzeichen bei dir bemerkst, darfst du sie anerkennen und feststellen: „Ich erlebe im Außen, was ich im Inneren fühle." Verurteile dich dafür nicht, nimm dich darin liebevoll an, wenn du kannst. Du bist deswegen ganz und gar nicht beziehungsunfähig oder unzumutbare eine Last für andere. Vielleicht sind dies die ersten Gedanken, die dich dazu überwältigen. Doch als Empath neigst du womöglich grundsätzlich dazu, dich anderen nicht übermäßig zumuten zu wollen und die Gründe für deren respektloses Verhalten vorrangig in deinen eigenen Mustern zu suchen.

Wir tun gut daran zu hinterfragen, woher unser Verhalten stammt und welches unser Anteil an der Situation ist, doch das bedeutet nicht, dass du dir Schuldzuweisungen machen musst. Du bist Empath – und Mensch. Du darfst dich zumuten. Und du darfst dich mit Menschen umgeben, die dich ernst nehmen, selbst, wenn du noch mitten in der Heilungsarbeit steckst.

> ➤ Du gehst zu viele Kompromisse mit dem ein, was du wirklich willst.

Erwischst du dich immer öfter dabei, dir Verhaltensweisen deines Partners schönzureden oder die rosarote Brille genau in den Momenten aufzusetzen, in denen sie abgenommen werden sollte? Wenn dir folgende Gedanken bekannt vorkommen, kann es sein, dass du dabei bist, dich von deiner persönlichen Wahrheit zu entfernen und eine Beziehung aufrechtzuerhalten, die deinem Wesen eigentlich nicht entspricht:

◊ Ich kenne sein Potential und bin ganz sicher, dass er es erreichen wird!
◊ Meine Hingabe, Liebe und Geduld werden ihn verändern.
◊ Meine positive Einstellung wird ihn bekehren.
◊ Er ist doch nicht umsonst in eine Verbindung mit mir gegangen, sicher sind all die positiven Ansätze meiner Art zu leben, auch in ihm vorhanden.
◊ Eine Beziehung ist nicht immer nur schön. Es ist normal zu leiden.

Wenn es bereits zur Gewohnheit wird, so zu denken, bist du in eine Falle getappt: Du hast deinen Partner wahrscheinlich nach deinen alten Glaubenssätzen ausgewählt. Diese besagen, dass du es nicht verdient hast, mit jemandem zusammen zu sein, der von sich aus die Voraussetzungen dafür mitbringt, dass ihr euch auf Augenhöhe in Co-Kreation begegnen könnt.

Viele Empathen neigen dazu, jemanden auszuwählen, den sie „mitschleppen" müssen. Sie fühlen sich zeitweise gut damit, diesen Menschen zu unterstützen, ihm Gutes zu tun und ihm ihr Verständnis zu schenken. Es fühlt sich selbstlos und tugendhaft an, einem geliebten Menschen Chance um Chance zu geben und Vergebung zu üben, sich mit dem Gedanken zu beruhigen, dass es in einer Partnerschaft darum geht, zu geben und nicht an sich zu reißen. Somit geraten die eigenen Bedürfnisse unter eine verschobene, falsche Sichtweise des Begriffs der Liebe und Hingabe, die nichts für sich selbst will. Liebe ist bedingungslos, doch Partnerschaft sollte es nicht sein. Du kannst in tiefer Liebe sein und doch Grenzen setzen und dafür einstehen, an der Seite eines Menschen durchs Leben zu gehen, der dich liebt und respektiert. Achte darauf, dass deine Empathie nicht Fallstrick für missbräuchliche Strukturen wird.

Wie du dich von ungesunden Beziehungen lösen kannst

Du hast einen guten Überblick über die Anzeichen ungesunder Bindungen und Muster erhalten. Nun wirst du eine Reihe von Strategien und Ansätzen kennenlernen, die dir den Weg aus solch festgefahrenen Situationen bahnen können.

Noch einmal zur Erinnerung: Du wirst auf deinem Weg mit tiefen inneren Prozessen konfrontiert werden, die herausfordernd und auch schmerzhaft für dich sein können. Bisher lagen viele deiner inneren Vorgänge vielleicht noch im Dunkel. Erst durch das Aufbrechen und Gewahrwerden dieser ungesunden Strukturen in deinem Leben und in deiner Beziehung wirst du auf deine inneren Schmerzpunkte hingewiesen. Die gute Nachricht ist, sie kommen zum Vorschein, weil die Zeit reif ist, sie zu heilen. Immer wieder kann es sich für dich jedoch überwältigend und überfordernd anfühlen, diese Phasen zu durchlaufen. Vielleicht fühlst du dich ohnmächtig, hoffnungslos oder hast körperlich wenig Kraft. Zu alledem musst du deinen Alltag bewältigen und hast vielleicht gerade nicht die Möglichkeit, dir eine echte Auszeit zu nehmen.

Es kann dir helfen, dich immer wieder daran zu erinnern: Es ist JETZT GERADE so. Es wird nicht so bleiben. Dies ist eine Phase in deinem Leben, die ein Ende hat. Du wirst gestärkt, mit neuer Kraft und gesunden, hilfreichen Erkenntnissen aus der Erfahrung gehen und deinem empathischen Herzen nähergekommen sein – auch, indem du unter dem Druck der aktuellen Situation genauer hinschaust.

Diese Zeit ist außerdem schon der Beginn einer Gesundung: Deine Bedürfnisse rücken unausweichlich in den Vordergrund, weil sie derart sichtbar werden, dass du sie nicht länger ignorieren kannst und womöglich auch nicht möchtest. Dein Unterbewusstsein und all deine auf natürlichem Wege auf Heilung ausgerichteten Zellen werden dich dabei unterstützen, nach vorn zu wachsen, anstatt in etwas Altem zu verharren, das dir dauerhaft schadet. Ein gewisser innerer Automatismus kann dir sogar helfen, Dinge nicht mehr hinzunehmen, die du aufgrund deiner bisherigen Prägung bis dato ohne Murren akzeptiert hast.

Wenn du magst, gib diesem inneren unterstützenden Vorgang ein Gesicht: Vielleicht bist du in spiritueller Hinsicht dazu geneigt, eine innere Figur zu sehen, die dich bei deinem Prozess unterstützt. Oder es hilft dir, die wissenschaftlichen Fakten über deine persönliche Entwicklung im Bereich Neurobiologie aufzufrischen. Was auch immer dich dabei unterstützt zu wissen: „Alles in mir arbeitet für mich, ich bin nicht allein!" ist für deinen Heilungsprozess von enormer Bedeutung und sehr wertvoll.

Und: Auch Gespräche und liebevoller Kontakt mit anderen Menschen, die dir wohlgesonnen sind, wirken sich positiv aus. Du machst die Erfahrung, dass du wertvoll, gesehen, geliebt und geschätzt bist. Dies gibt dir Kraft, ungesunde Bindungen leichter und effektiver zu verlassen und dein Selbstwertgefühl wieder lebendig werden zu lassen.

Hier nun ein Überblick über die heilsamen, unterstützenden Aspekte, die dir helfen, eine ungesunde Beziehung zu verlassen oder zu transformieren:

> Selbstliebe/Heilung

Der erste Schritt zur Lösung von ungesunden Beziehungen beginnt in dir: Je mehr du dich selbst kennen und verstehen lernst, umso tiefer kannst du bereit sein, dein Leben so zu gestalten, wie es dir entspricht. Du nimmst Rücksicht auf deine Bedürfnisse und lernst, anderen zu zeigen, wie sie mit dir umgehen sollen.

Begib dich auf die Reise nach deiner Entwicklung. Sei es dir wert, herauszufinden, warum die Dinge sind, wie sie sind und wo du Heilung, Annahme und Liebe benötigst. Sei es dir wert, deine Geschichte umzuschreiben, indem du, gerne auch mit professioneller Unterstützung, Muster auflöst, neue Glaubenssätze integrierst und deinem Leben bunte Farben schenkst. Du bist nicht mehr machtlos und abhängig wie damals als Kind. Heute kannst du dein Leben selbst gestalten.

Dazu gehört unter anderem, dass du die Verantwortung für dein Glück zu dir zurückholst. Damals waren die Erwachsenen dafür verantwortlich, dass du sicher warst und es dir gutging. Du hast wahrscheinlich schlechte Erfahrungen im Vertrauen dahingehend gemacht, die nun in deinem System weiterwirken und sich in Beziehungen zwischen dich und deinen Partner drängen oder ungesunde Verbindungen begünstigen, weil du nicht gewohnt bist, mehr wert zu sein als das, was du bereits kennst.

Im Laufe des Heilungsprozesses kannst du lernen, dich selbst zu beeltern und dir Zeit zu nehmen, deine Bedürfnisse kennen zu lernen, sie liebevoll zu erfüllen und auch deinen Standard an dem, was du vom Leben erwartest, anzuheben. So kannst du neue Grenzen setzen und Entscheidungen treffen, die dich nicht mehr von deiner Umwelt abhängig machen. Du kannst einen Partner wählen, der dir guttut! Dies ist jedoch nur möglich, wenn du es dir aus tiefstem Herzen wert bist – und dafür ist die Heilung deiner Verletzungen nötig.

Sei in diesem Prozess geduldig mit dir. Du wurdest jahrelang geprägt und nun dauert es einige Zeit, bis die alten Muster neu überschrieben werden können. Dazu ist dein Leben da: Der Weg zu dir selbst darf tatsächlich ein sich entwickelnder Prozess sein. Es muss nicht auf einen Schlag alles in Ordnung sein – und einige deiner Macken wirst du nie loswerden. So geht es uns allen. Heilung bedeutet nicht glattgebügelte Tadellosigkeit. Sie ist dazu da, eine Lebensform wählen zu können, die dich glücklich macht und dir einen Platz in der Welt einräumt, an dem du dich richtig fühlst.

➤ Bedürfnisse auf andere, enge und familiäre Beziehungen verteilen

Als Empath und stark beziehungsorientierter Mensch bist du eventuell weiterhin auf der Suche nach dem ganzen Brot – die Idealvorstellung von einer Beziehung, die alles erfüllt, was du brauchst, ist sehr verführerisch. Eine solche Verbindung wäre übersichtlich, kontrollierbar, sicher und ohne böse Überraschungen – dein Partner liebt dich vollkommen, genau so, wie du es brauchst und er liest dir jeden Wunsch von den Augen ab.

Eine dauerhafte Beziehung sollte auf einem festen Fundament gegründet sein und selbstverständlich auch Bedürfnisse erfüllen und gemeinsame Werte feiern, sonst wird sie nicht überleben. Doch dass dein Partner immer alles richtig macht und du all deine Interessen und Wünsche mit ihm teilen kannst, entspricht eher einer Illusion.

Prüfe deine Ansprüche daraufhin, ob sie wirklich in die Beziehung gehören oder ob einige Punkte nicht auch mit anderen Menschen gelebt werden können. Wenn du monogam lebst, ist die Sexualität Teil deiner Partnerschaft und möchte dort bearbeitet werden. Bist du jedoch ein Kinogänger und dein Partner nicht, könntest du diese Leidenschaft beispielsweise auch mit einer Freundin oder einem Freund ausleben. Wie steht es mit dem Thema Ernährung, Sport und anderen täglichen Gewohnheiten? Es muss nicht alles bei euch beiden gleich sein, damit ihr eine erfüllende Partnerschaft lebt.

Ergründe die Dinge, die dir wirklich wichtig sind und bei denen du keine Kompromisse machen möchtest – diese darfst du dann auch ganz klar als Bedingung und Teil deiner Persönlichkeit mit in den Raum bringen.

Tipp: Schreibe eine Liste mit diesen wichtigen Punkten und erkläre darauf, warum diese Punkte für dich unumgänglich sind. So kannst du dir in deiner Entscheidung sicher werden.

Der Sinn dahinter verbirgt sich im Thema der Abhängigkeit. Je weniger du dich wegen Kleinigkeiten von deinem Partner abhängig fühlen musst und erwartest, dass er alles für dich tut, was dir wichtig ist, umso kraftvoller und eigenverantwortlicher fühlst du dich und kannst auch besser für deine Bedürfnisse einstehen. Du musst nicht auf seine „Gnade" hoffen, bleibst in deinem Denken frei und klar und kannst vor allem aus einer reifen und nicht kindlich-ohnmächtigen Position heraus agieren, um deine Situation selbstständig zu formen.

> Ein klares Ja – werde dir darüber bewusst, was du wirklich willst

Ein Hauptteil der Heilungsarbeit besteht darin, zu wissen, was du von ganzem Herzen für dein Leben möchtest. Begib dich daher auf den Weg, herauszufinden, was dich wirklich begeistert, wohin du möchtest und was dich motiviert. Sowohl im Bereich Beziehungen als auch deiner Berufung, in deinem Wohnort, deinen Hobbys und deinem tieferen Sinn Klarheit zu erlangen, wer du bist, wird dir helfen, deinen „Plan A" nicht für eine Partnerschaft zu verlassen. Jede Beziehung, für die du etwas opferst, das deinem tiefsten Herzen entspricht, ist entweder zum Scheitern verurteilt oder an ihrer Stelle ein Teil deines Herzens.

Deine engsten Beziehungen bestimmen mit, wer du bist und wohin du dich entwickelst. Sei daher wählerisch mit der Entscheidung, wem du deinen Raum, deine Energie und deine Zeit schenkst, denn sie wird dich maßgeblich beeinflussen. Die Menschen, die mit dir leben, sollten daher dein tiefstes Wesen, deine Träume und Ziele mitfeiern und ihr Wachstum begünstigen. Dafür musst du dir zuerst über sie bewusst sein und vor allem auch eine Entscheidung treffen, keine faulen Kompromisse mehr einzugehen.

Dieser Punkt wirkt nicht nur als Hilfestellung zum Verlassen einer ungesunden Beziehung, sondern auch präventiv: Je klarer du dir über deinen Weg und deine seelische Essenz bist, umso schneller wirst du von Anfang an wissen, ob jemand zu dir passt. Du erkennst schnell, ob du deinen alten Glaubensmustern und Verletzungen aufgesessen bist oder ob du die Entscheidung für einen anderen Menschen aus deiner Kraft heraus getroffen hast. Dies kann deinen Selbstwert enorm steigern, dir Kraft, Zuversicht und gesunde Selbstkontrolle vermitteln.

Fühle dich in deinem Leben und deinen Zielen zuhause. So findest du einen Partner, der nicht dein altes Muster bedient, so dass du immer wieder nur eine Spielfigur im Leben anderer bist und dadurch in Abhängigkeit gerätst. Deine klare Linie sorgt für einen kräftigen Fußabdruck und ein leuchtendes Charakterprofil.

Im Übrigen kann auf diesem gesunden Boden auch deine Empathiefähigkeit zu einer wahren Gabe heranreifen: Im Buch „Empathie ohne Stress" lernst du mehr darüber, wie ein starker Charakter dazu beiträgt, dass du unter deiner Empathie nicht länger leidest, sondern eine vertrauensvolle, mitfühlende und sichere Atmosphäre kreierst, in der du nicht zu kurz kommst, im Gegenteil: Du bist nun Teil der Lösung und kannst gesunde Beziehungen auf Augenhöhe aktiv mitgestalten.

➢ Führe die unangenehmen Gespräche

Seit einigen Monaten schon fühlst du, dass Frust in dir aufsteigt. Eure Sexualität war schon von Anfang an eher auf die Bedürfnisse deines Partners ausgerichtet und du hast bisher vergeblich darauf gewartet, dass sich daran von allein etwas ändert. In deiner Sensibilität und Liebesbedürftigkeit wünschst du dir, dass dein Partner von sich aus deine Bedürfnisse erfragt und von ganzem Herzen erfüllen möchte. Voller Mitgefühl hast du dir selbst immer wieder erklärt, warum er dazu gerade vielleicht nicht in der Lage ist und dass du ihm Zeit geben möchtest. Du siehst mögliche Blockaden in seiner Seele und möchtest ihn nicht überfordern.

Doch seit einigen Wochen wird es zusehends schwerer, nicht aus jeder körperlichen Begegnung mit Frust, Schmerz und auch Ärger herauszugehen. Den Raum zu halten, in dem deine Bedürfnisse kaum beachtet werden und vielleicht sogar nur durch Zufall erfüllt werden (von dem du dich wiederum abhängig fühlst), wird zur Zerreißprobe und du spürst, dass deine innere Grenze eigentlich schon überschritten ist.

Doch es fällt dir äußerst schwer, mit deinem Partner über deine Gefühle zu sprechen. Vielleicht fürchtest du Liebesentzug oder dass er verletzt und beleidigt ist, sich abgewertet fühlt in seinen Fähigkeiten, obwohl du es anders meinst. Du sorgst dich mehr um seine Gefühle als um deine Bedürfnisse und begünstigst damit die Schieflage zwischen euch beiden, die seine narzisstischen Anteile und deine Opferhaltung begünstigen.

Wenn die Situation sich nicht verändert, werden früher oder später unangenehme Folgen auf dich zukommen. Dein Körper kann rebellieren und Krankheitssymptome aussenden. Vielleicht wehrt sich deine Haut oder du hast plötzlich tatsächlich Kopfschmerzen. Vielleicht wird dir übel oder du fühlst dich schwach und ausgelaugt. Auch emotional kann die Situation eure Beziehung überfordern: Wenn du dich von deinem Partner abhängig fühlst und deine Bedürfnisse keinen Raum erhalten, werden dein Ärger und deine Frustration sich auf eure gesamte Beziehung und euer gemeinsames Leben auswirken.

Im Bereich Sexualität ist dies besonders heikel. Wenn dein Körper, in dem du wohnst und der deine intimste Zone darstellt, nicht entsprechend gute, heilsame Erfahrungen macht, kann dies zu dauerhaften Verletzungen führen, die deine Lebensführung beeinflussen. Sexuelle Zufriedenheit entscheidet maßgeblich über inneres Gleichgewicht, einem Gefühl der Kraft, Freude und Vitalität und auch darüber, inwieweit du auf Ersatzbefriedigungen verzichten kannst, die den Frust übertünchen sollen.

Somit tust du dir auf ganzer Linie einen Liebesdienst, wenn du nicht länger Zurückhaltung übst mit dem, was dir wirklich im wahrsten Sinne des Wortes unter die Haut geht. Ob es sich nun um eure Sexualität oder um andere, ebenso wichtige Bereiche handelt. Wage es, diese unangenehmen Gespräche zu führen. Traue dich, nein zu sagen und Erwartungen zu stellen.

Bedenke: Dein Partner tut dies ganz selbstverständlich. Auch du hast das Recht dazu. Wenn du Schuldgefühle wegen deiner Erwartungen haben solltest, kannst du dich daran erinnern, dass es meist auf die Art und Weise ankommt, wie du diese kommunizierst. Wenn du gewaltfrei, respektvoll und achtsam, jedoch klar ausdrückst, was du brauchst und deinen Partner in seiner Reaktion frei lässt, ist alles legitim, was dir wichtig ist.

Zudem ist alles, was dich beschäftigt und was du immer wieder wegschiebst, ohnehin in eurem gemeinsamen Raum und lässt sich nicht dadurch wegzaubern, dass du es ignorierst. Du entscheidest lediglich, ob ihr es bewusst bearbeitet und integriert oder ob diese heiklen Punkte unterbewusst euer Zusammenleben beeinflussen und für negative Auswirkungen sorgen.

Selbiges gilt für typische Themen, bei denen du dich vielleicht aufgrund deiner empathischen Haltung nicht traust, Farbe zu bekennen. Vielleicht riecht dein Partner öfter unangenehm und du wünschst dir, dass er sich täglich duscht. Vielleicht sind eure Freizeitbeschäftigungen ein Spiegel seiner Interessen und ihr tut nichts gemeinsam, was du wirklich liebst. Oder du wünschst dir, dass dein Partner dich öfter berührt, streichelt oder von sich aus freundliche Dinge zu dir sagt.

Führe das unangenehme Gespräch. Nur so kannst du herausfinden, ob ihr gemeinsam eine neue Stufe eurer Beziehung erklimmen könnt und dieser Partner der richtige an deiner Seite ist. Andrea Lindau hat es einmal etwa so formuliert: „Was zu dir gehört, wird im Lichte der Ehrlichkeit näherkommen. Was ohnehin nicht zu dir gehört, wird sich entfernen, sobald du deine Wahrheit auf den Tisch legst."

Wenn du bei dir bleibst, wirst du glückliche Beziehungen führen können, in denen du wahrhaft erkannt und so geliebt wirst, wie es dir wirklich guttut.

> Sei du selbst in deinem Raum

Wenn du mit deinem Partner bereits zusammenwohnst oder ihr oft beieinander seid, kann es sein, dass du bestimmte Anteile von dir zurückhältst, sobald du in seiner Gegenwart bist. Grund dafür kann sein, dass du in der Vergangenheit gelernt hast, nicht auf „Minenfelder" bei deinen Eltern oder Erziehungsberechtigten zu treten und dich still und unauffällig zu verhalten, weil du sonst

Eskalation oder Rügen provoziert hättest. Vielleicht habt ihr in eurer Familie auch eine gewisse Verhaltensetikette im Alltag angelegt, die dich extrem unter Druck gesetzt hat, dich einwandfrei zu benehmen. Nur so konntest du vermeiden, bloßgestellt zu werden.

Liebesentzug bei nicht akzeptiertem Verhalten ist eine mächtige Waffe, um Menschen in Abhängigkeit und Angst zu halten. Besonders Kinder leiden intensiv darunter, wenn sie von ihren Eltern mit Liebesentzug für Fehlverhalten bestraft werden.

Dieses Muster kann sich in deinem Erwachsenenleben in alltäglichen Bereichen zeigen. Vielleicht traust du dich nicht, auf der Toilette typische Geräusche von dir zu geben, weil du dich schämst und fürchtest, dass dein Partner sich ekelt oder dich nicht mehr mit romantischen Augen sieht. Oder du traust dich kaum, dich nachts im Bett zu bewegen, weil du ihn nicht stören möchtest. Achte darauf, ob du oft in seiner Gegenwart körperlich angespannt bist und was dein Körper dir damit sagen möchte. Wie lautet dein aktuelles Bedürfnis und warum lebst du es nicht? Was fürchtet das innere Kind in dir? Auch bestimmte Verhaltensweisen bezüglich deiner Sauberkeit, der Art wie du aufräumst, wo du deine Tasse Kaffee abstellst und auch in deiner Kommunikation geben dir Aufschluss darüber, inwieweit du dich auf eine Weise anpasst, die dir auf lange Sicht schadet. Versuchst du, bestimmte Worte zu vermeiden, nicht aus Rücksicht, sondern aus Angst vor Ärger? Sprichst du deeskalierend mit deinem Partner und entschuldigst dich sehr häufig?

Auch in der Sexualität kann es sein, dass du dich ganz anders verhältst, als es dir eigentlich entsprechen würde – um nicht bloßgestellt, verlassen oder gerügt zu werden.

Bedenke immer: Deine Angst-Emotionen kommen nicht aus der Gegenwart, sondern vorrangig aus der Vergangenheit. Du bist nun erwachsen und kannst entscheiden, wie du dich in deinem persönlichen Raum verhalten möchtest. Außerhalb der eigenen Wohnung oder des Ortes, an dem du zuhause bist, ist es normal, wenn du dich in Gegenwart fremder Menschen anders verhältst. Du läufst nicht in Unterwäsche herum, passt dich an die moralischen Gegebenheiten deines sozialen Umfeldes an, achtest darauf, wie du sprichst. Eine gewisse Anpassungsfähigkeit und der Wunsch nach gesellschaftsfähigem Verhalten ist uns als sozialen Wesen angeboren, da wir sonst riskieren, aus der Gruppe ausgestoßen zu werden und somit allein zu sein – für unseren Urinstinkt bedeutet dies Gefahr und Tod.

In deinem persönlichen, sicheren Raum in ständiger Anspannung zu sein und dich in der Gegenwart deines Partners nicht sicher zu fühlen, ist jedoch mit Vorsicht zu betrachten. Solltest du feststellen, dass die befürchteten Akte des Liebesentzugs tatsächlich eintreten, wenn du dich fallenlässt und einfach du selbst bist, ist es ratsam, die Beziehung grundsätzlich zu überdenken, denn dies kann ein Hinweis darauf sein, dass ein narzisstischer Anteil deines Partners zum Vorschein kommt. Er möchte eventuell sein Selbstbewusstsein mit dir als Partner aufpolieren, damit du mit deiner Tadellosigkeit auf seine Größe hinweist und er sich besser fühlt. Passt du nicht in dieses Bild, möchte er dich entweder verändern oder dich loswerden – beides hat nichts mit der Art Liebe und Gemeinschaft zu tun, die du dir von einer Beziehung wünschst.

> **Tipp:** Vielleicht hast du auch Angst, dass dein Partner dein Fallenlassen als „sich gehen lassen" interpretiert. Doch du kannst selbst beurteilen: Dein wahrhaftiges Selbst mit deinen Gewohnheiten zu leben und auch dein Menschsein zu erlauben, ist Ausdruck deines natürlichen Seins. Wenn du jemand bist, der wachsen und sich weiterentwickeln möchte, sich Gedanken über seine Art zu leben macht und auf tieferen Sinn hinstrebt, wirst du wahrscheinlich niemand sein, der sich zuhause vollkommen unflätig benimmt und sein Leben nicht im Griff hat.

Du darfst sein. Auch in Jogginghose und mit Durchfall.

➢ Beende die Beziehung radikal

Diese Entscheidung ist unausweichlich, wenn die ungesunden Muster zwischen euch so eingefahren sind, dass kein Versuch, sie aufzulösen, mehr funktioniert und das Schiff eindeutig in eine immer tiefere Abhängigkeit segelt. Auch wenn du dich seit einem längeren Zeitraum fühlst, als seist du nicht mehr du selbst, bereits Eigenschaften, Verhaltensweisen, Süchte etc. bei deinem Partner sichtbar geworden sind, die nur durch deine Hoffnung noch zu ignorieren sind und dich in Co-Abhängigkeiten führen, ist eine Trennung meist unausweichlich. In ihrem Buch „Jeder ist beziehungsfähig" beschreibt Stefanie Stahl eingehend, wie du vorgehen kannst, wenn du emotional bereits so abhängig bist, dass sich eine Trennung schon fast wie ein Drogenentzug anfühlt. Solche Dynamiken können sich, je nach Ausprägung eurer sich gegenseitig bedienenden Muster, sehr schnell entwickeln, erst recht, wenn starke körperliche Anziehung und extreme emotionale Verliebtheit mit im Spiel sind. Viele Empathen merken erst, in welcher Situation sie sich befinden, wenn es bereits zu spät ist. Zögere daher nicht, auch Hilfe anzunehmen und dich im Trennungsprozess begleiten zu lassen. Du bist es wert, liebevoll unterstützt zu werden. Dein soziales Netz kann dich auffangen, eine Therapie begleiten und die bewusste Hinwendung zu dir und deinen Bedürfnissen schenkt dir Kraft und baut deinen Selbstwert langsam wieder auf.

> Lege alte Muster ab und öffne dich für neue Gewohnheiten

Viele deiner Verhaltensweisen entsprechen deinem niedrigen Selbstwertgefühl und dem, was du über dich glaubst. Du hast Muster entwickelt, die dir schaden und obendrein deinen Mitmenschen Signale über die Art senden, wie sie mit dir umgehen sollen – denn unbewusst lebst du es ihnen vor.

Hier findest du einige typische, destruktive Verhaltensmuster von Empathen, denen du getrost den Rücken zukehren darfst:

◊ *Opferhaltung:* Wie an vielen Stellen bereits angerissen wurde, ist die Opferhaltung eine der schädlichsten Verhaltens- und Glaubensmuster. Der Aspekt, auf den hier eingegangen wird, ist die damit einhergehende fehlende Möglichkeit, das zu erhalten, was du wirklich möchtest: Nähe, Liebe, Zuneigung, Bewunderung und Wertschätzung. Wer sich selbst als Opfer der Umstände verhält, strahlt aus, dass er all diese Attribute nicht wert ist und darauf wartet, dass jemand anders ihm eine Art Daseinsberechtigung vermittelt, indem er ihn gnädigerweise trotzdem mit diesen Gaben füttert – obwohl er sie eigentlich nicht verdient hat.

Selbst, wenn du jemanden findest, der in diesem Bereich auf dich zukommt, kann dies dazu führen, dass du tief in dir nie ganz glauben kannst, dass der andere es wirklich ernst meint. Du selbst denkst in Wahrheit ganz anders über dich und wirst die Liebe deines Gegenübers nicht vollends annehmen können, solange du in der Tiefe davon überzeugt bist, dass du nicht gut genug dafür bist.

Eine Opferhaltung erlaubt dir zudem nie, vollends glücklich zu sein. Sie soll dazu dienen, dir Aufmerksamkeit zu sichern, die du zwar immer als halbe Lüge betrachten wirst, doch die sich für dein verletztes Selbst besser anfühlt, als sie schlussendlich aufzugeben und für dein Glück selbst zu sorgen, indem du es dir wert bist, ein glücklicher Mensch in glücklichen Beziehungen zu sein. Letzteres ist für dich kaum zu glauben und daher schwer anzunehmen. Viele Menschen fürchten tatsächlich, allein zu sein, sobald sie sich erlauben, glücklich zu sein. Sie denken gemäß ihren alten Strukturen, dass sie als zufriedene, erfüllte Menschen nicht einmal mehr die Aufmerksamkeit des Mitleids erhalten und ihre Mitmenschen es nicht mehr für nötig halten, sie zu beachten.

Es kann dir helfen, dein Glaubenssystem dahingehend zu überprüfen, mit wem DU am liebsten Zeit verbringst – sind es die glücklichen Menschen, die freudig für sich Verantwortung übernehmen oder eher die, die ständig wehmütig ihr Unglück betrauern, selbst passiv bleiben und andere für deren Erfolg bewundern?

◊ *Scham:* Scham ist eine der Haltungen, die dich am meisten zurückhalten wird. Wenn du empathisch und mitfühlend bist, wirst du mit der Scham anderer Menschen womöglich schmerzhaft mitleiden und dir sehnlichst für sie wünschen, sie müssten dieses Gefühl nicht ertragen. Außerdem tendierst du vielleicht dazu, ihnen ihre Schamgefühle zu nehmen, indem du mittels deines empathischen Eingehens einen sicheren Raum für sie erschaffst, in dem es erlaubt ist, alles zu sagen und alles zu sein, ohne dafür von dir schief angesehen und verurteilt zu werden. Gerade du leidest dabei unter dem Gefühl der Scham besonders stark – weswegen du auch weißt, wie schlimm sich dies für andere Menschen anfühlt. Wenn du als sensibler Mensch oft erlebt hast, beschämt oder entliebt zu werden, steigert dies deine Empathie anderen gegenüber – und dein eigenes Gefühl, nicht angenommen und geliebt zu sein, wie du bist. Dies begünstigt ungesunde Beziehungsmuster, da du dich aus Scham nicht vollends „zumutest", wie du wirklich bist. Mit allem, was du nicht zeigst, kannst du auch nicht gesehen und geliebt werden.

Du darfst dich auf den Weg begeben, deine Scham sanft und Stück für Stück abzulegen und dich zu zeigen, auch wenn du große Angst vor Zurückweisung empfindest. Übe, dich in Beziehungen zu zeigen, in denen du dich bereits sicher und geliebt fühlst und sauge die positiven Reaktionen als Teil deines neuen Denkens auf. Erinnere dich daran, dass du Beziehungen führen möchtest, in denen du dich nicht schämen musst. Dies benötigt die Arbeit in beide Richtungen: Wähle Menschen und Partner, die von sich aus Sicherheit vermitteln und entscheide dich deinerseits, dich so zu zeigen, wie du wirklich bist.

◊ *Falsches Verantwortungsgefühl:* Die Zeit der unangebrachten Verantwortung, die dir als Kind auferlegt wurde, ist vorüber. Du bist nicht mehr dafür zuständig, allein die Beziehung am Laufen zu halten oder für das Glück und die Entspannung deines Partners zu sorgen.

Selbstverständlich möchtest du ihm Gutes zuteilwerden lassen und in einer gesunden Beziehung ist es sehr förderlich, einander Aufmerksamkeiten zu schenken, doch es ist weder deine Pflicht noch deine Verantwortung, dafür da zu sein, alles zu richten. Wenn du ehrlich mit dir selbst bist, wirst du den Unterschied erkennen. Frage dich zu Beginn deiner Veränderung immer wieder nach deiner

Motivation für dein Handeln: Fühlst du dich verantwortlich – oder fühlst du dich frei? Je mehr du in deiner Verantwortung bei dir und deinen Belangen bleibst, umso mehr wird dein Partner sich um sich selbst kümmern, dich sehen und wahrnehmen können und sich mit dir auf Augenhöhe verbinden. Er wird dich nicht wie einen Elternteil ansehen und du wirst dich nicht länger ausgenutzt fühlen und dich insgeheim ärgern.

> **Inspiration**
>
> *Schreibübung: Wer möchte ich sein?*
>
> Diese Übung dient dazu, dir neu über dein eigenes Potential bewusst zu werden und dich daran zu erinnern, wie wundervoll du bist. Ja, du hast das Recht auf ein glückliches Leben und befriedigende Beziehungen und ja, es ist eine Ehre für andere, mit dir zusammen zu sein!
>
> Kommt dir diese Aussage unwirklich vor, vielleicht fast du schön, um wahr zu sein?
>
> Schreibe eine Vision dessen auf, was du tief innen über deinen eigenen inneren Wesenskern spürst. Viele empathische Menschen haben eine Ahnung davon, dass in ihrer Mitte eine Art Schatz verborgen liegt, ein Potential, ein „Klumpen Gold", der nur nie gefunden und ausgegraben wurde. Du bist der Schatzgräber für deinen eigenen Schatz und weißt genau, was dich im tiefsten Inneren ausmacht.
>
> Wenn du möchtest, setze dich vor dem Schreiben einige Minuten lang still an einen bequemen, ruhigen Ort und lasse dich in einen meditativen Zustand gleiten. Von dort aus kannst du dir eine Begegnung mit diesem inneren Kern vorstellen, der dich ausmacht: Welche Farben, Muster, Formen, vielleicht sogar menschliche Gestalt siehst du? Taucht ein bestimmter Archetyp vor deinem inneren Auge auf, mit dem du dich identifizieren kannst? Erlaube dir, so tief zu fühlen, bis ein Bild in dir entsteht, das dich wirklich berührt und von dem du das Gefühl

hast, es zu erkennen – dich zu erkennen, in deiner heilen, starken, kraftvollen und hinreißend schönen Version. Es geht nicht darum, dich selbst in Perfektion zu betrachten und danach traurig über die Diskrepanz zwischen dem zu sein, was du gern wärst und dem, wer du faktisch bist. Die Vision deines „höheren Selbst" dient eher dazu, dich zu erinnern: Wer bist du, wenn all der Schmerz deiner Vergangenheit dich nicht mehr bestimmt und du frei wählen kannst, wer du sein möchtest?

Vielleicht kommen dir auch Bilder in den Sinn, die du bisher immer mit anderen Menschen assoziiert hast, die du bewunderst. Nie wärst du auf die Idee gekommen, dass auch für dich etwas bereitsteht, was dein tiefstes Herz strahlen lässt. Erlaube dir, diese Bilder und Assoziationen auf dich selbst anzuwenden. Was, wenn der Weg in die Selbstständigkeit nicht nur für deine beste Freundin bestimmt wäre – sondern auch für dich? Was, wenn nicht nur dein Bekannter einen wunderschönen Urlaub haben kann, sondern auch du? Was, wenn dieser oder jener Traum für dich genauso erreichbar ist, wie für jemanden, für den dessen Erfüllung beinahe selbstverständlich ist?

Was du nun über dich, dein Lebensgefühl und deinen Wesenskern gesehen, erlebt und niedergeschrieben hast, darf sich auch in deinem Leben zeigen. Nimm es als Richtlinie für die Gestaltung deines Alltags und deiner Beziehungen.

Wenn eine wichtige Entscheidung ansteht, stell dir vor, du agiertest aus dem Stand eines glücklichen, erfüllten Ichs heraus. Wenn du mit deinem Partner in Kommunikation trittst, erinnere dich daran, dass es eine Ehre ist, mit dir zusammen zu sein. Wenn du deine Bedürfnisse mitteilst, trainiere die Sichtweise, dass es deinen Mitmenschen eine Freude ist, dir Gutes zu tun.

Es mag sich zu Beginn äußerst ungewohnt, vielleicht sogar unangenehm anfühlen, so zu denken und die ersten Schritte im

Handeln vorzunehmen, doch es sei dir versichert: Schon bei den ersten positiven Erfahrungen wirst du Freude daran finden!

Bedenke, dass es eine Zeit lang dauert, eine neue Sichtweise über dich selbst zu erhalten. Immer wieder wird das alte Denken sich dazwischendrängen und du wirst mit Gedanken konfrontiert, die dich zurückhalten möchten:

- ⇨ Sei mal nicht so arrogant!
- ⇨ Was glaubst du eigentlich, wer du bist?
- ⇨ Das ist egoistisch!
- ⇨ Wie kommst du darauf, eine ganze Bäckerei zu wollen, wenn du nur kleine Brötchen verdienst?

Erinnere dich daran, dass diese Gedanken deinen alten Glaubenssätzen entsprechen. Mithilfe des Bildes von deinem höheren Selbst kannst du neue Glaubenssätze formulieren, die deine Entwicklung begünstigen.

Nutze deine empathische Gabe wie eine Mutter, die das Beste für ihr Kind wünscht: Eltern sind in der Regel überglücklich, wenn sie sehen, dass ihr Kind sich selbst mag und eine positive, gesunde Meinung von sich und seinen Fähigkeiten hat. Alles andere scheint absurd – warum sollte ein liebender Elternteil seinem Kind immer wieder mitteilen, dass es nicht das Recht hat, glücklich zu sein? Und doch tendieren wir genau dazu, wenn wir unsere alten Muster weiter füttern und uns nicht erlauben, uns in ein leuchtendes, positives Licht zu stellen.

Die richtige Partnerwahl: Worauf muss ich achten?

"Ich möchte dich lieben, ohne dich einzuengen.
Ich möchte dich wertschätzen, ohne dich zu bewerten.
Ich möchte dich ernst nehmen, ohne dich auf etwas festzulegen.
Ich möchte zu dir kommen, ohne mich dir aufzudrängen.
Ich möchte dich einladen, ohne Forderungen an dich zu stellen.
Ich möchte dir etwas schenken, ohne Erwartungen daran zu knüpfen.
Ich möchte von dir Abschied nehmen, ohne Wesentliches versäumt zu haben.
Ich möchte dir meine Gefühle mitteilen, ohne dich für sie verantwortlich
zu machen. Ich möchte dich informieren, ohne dich zu belehren.
Ich möchte dir helfen, ohne dich zu beleidigen.
Ich möchte mich um dich kümmern, ohne dich ändern zu wollen.
Ich möchte mich an dir freuen – so wie du bist.
Wenn ich von dir das Gleiche bekommen kann,
dann können wir uns wirklich begegnen und uns gegenseitig bereichern."

Virginia Satir

Nun wirst du dich sicher fragen, wie es möglich sein kann, ungesunde, toxische Beziehungen von vornherein zu vermeiden. Ist es möglich, als Empath eine glückliche, liebevolle Beziehung auf Augenhöhe zu führen, die auf Wachstum, Freude,

Tiefe und Erfüllung ausgerichtet ist? Wie kannst du in einer Beziehung voll und ganz bei dir bleiben, dich nicht verlieren und dennoch das Glück der Vereinigung erleben? Ab wann sind deine inneren Muster soweit geheilt, dass du Teil der Lösung für eine gesunde Beziehung sein kann? Was, wenn du besonders sensibel und mitfühlend bist und dies auch bleiben möchtest. Wie kann dies ein Geschenk für eure Beziehung werden?

1. Auf die Gefühle kommt es an – sie zu hinterfragen

Eine Beziehung beginnt meist sehr emotional mit Gefühlen, die sich auf den anderen beziehen. Du hast Sehnsucht danach, mit einem anderen Menschen zu verschmelzen und das Gefühl der Einheit zu erleben. Endlich hast du jemanden gefunden, den du bewunderst, der dich emotional berührt und dessen Anwesenheit in deinem Leben Glückshormone in dir auslöst – kurz, du bist bis über beide Ohren verliebt.

Doch woher kommt das Gefühl des Verliebtseins? Abgesehen davon, dass es ein Chemiecocktail deines Körpers ist, entstehen diese Gefühle oft aus einer Mischung aus Wiedererkennung, Wiederholung und Gewohnheit. Was wir kennen, löst in unserem Gehirn eine Wahrnehmung der Entspannung aus. Wenn du nun einem Menschen begegnest, dessen Ausstrahlung deinem Unterbewusstsein bekannt vorkommt, weil gewissen Anteile dich vielleicht an deine Kindheitserfahrungen erinnern, kann es dazu kommen, dass du dich verliebst, weil etwas aus seinem Wesen mit dir in Übereinstimmung geht.

Doch beachte: Auch Anteile, die dich in der Vergangenheit verletzt haben, können sich in einem Gefühl der Verliebtheit äußern. Dein Unterbewusstsein macht keinen Unterschied zwischen dem, was für dich als Kind gesund oder ungesund war, sondern achtet vor allem darauf, was du bereits kennst.

Die richtige Partnerwahl: Worauf muss ich achten?

Du hast als erwachsener Mensch nun die ehrenvolle Aufgabe, deine Gefühle auf ihre Wurzel hin zu untersuchen und herauszufinden, auf welche Anteile sie sich beziehen: Verbindest du mit dem, was dir bekannt vorkommt, heilsame, freudvolle Erinnerungen? Welche alten Muster treten bei dir zutage? Erinnerst du dich mitsamt den positiven Gefühlen auch an ein Verhalten, das du vielleicht damals entwickelt hast, um dich vor Enttäuschung zu schützen? Hast du erlebt, im Gefühl der Hingabe deinen Eltern gegenüber angenommen, sicher und geborgen zu sein?

Zu Beginn ist es normal, wenn du verliebt bist und deinem Partner gefallen möchtest. Dabei können auch gewissen Unsicherheiten zutage treten. Doch wenn dein Selbstwert in Gegenwart der geliebten Person dauerhaft in Frage steht, du an dir zweifelst und stetig den Eindruck gewinnst, den anderen beeindrucken oder dich verbiegen zu müssen, ist eine ungesunde Entwicklung eurer Partnerschaft beinahe schon vorprogrammiert.

Frage dich daher: Kannst du dir von ganzem Herzen vorstellen, dich in einer solchen Konstellation auf Dauer wohlzufühlen? Bist du bei dir, wenn du mit deinem Gegenüber zusammen bist? Kannst du dich entspannen, oder bist du dauerhaft damit beschäftigt, deinem Partner jeden Wunsch von den Lippen abzulesen? Gerade zu Beginn kann deine Empathie sich als Liebe tarnen und du gehst vielleicht über Grenzen, die du aufgrund deiner Verliebtheit und des dadurch gesteigerten Hochgefühls nicht gleich wahrnimmst. Auch zu Beginn ist es wichtig, dass du spürst, dass du gemeint bist. Fühlst du dich gesehen und wertgeschätzt?

Unterscheide außerdem zwischen den Begriffen Liebe und Verliebtheit. Dies kann dir helfen, diese erste, stark emotionale Phase einzuordnen und nicht sofort von Liebe zu sprechen, die auch Hingabe, Verbindlichkeit und Vertrauen benötigt, um zu wachsen. In der Phase der Verliebtheit geht es vorrangig um körperliche und seelische Empfindungen. Dies ist wunderschön, hat seinen Platz und darf in aller Freude genossen werden. Doch du musst dich noch nicht abhängig machen und kannst deinen Raum weiterhin halten, um langsam deine Position in der Partnerschaft zu finden. So schützt du dich davor, zu schnell in eine Bindung zu geraten, die schnell so ernst wird, dass du nicht den Raum findest, deinen Partner in aller Ruhe kennenzulernen und mehr darüber zu erfahren, was euch aneinander fasziniert.

Verliebtsein kann auch aus weiteren Gründen entstehen: Womöglich verkörpert dein Partner Eigenschaften in sich, die du in dir selbst lange verdrängt und verneint hast. Vielleicht ist dein Partner besonders schamfrei, selbstsicher, extravagant oder klug. Vielleicht geht er einer kreativen Begabung nach und erschafft damit Wundervolles, erfüllt sich seine Träume, bezieht Stellung, ist eloquent oder besonders unangepasst und eigensinnig.

> **Tipp:** Schreibe die Eigenschaften deines Partners auf, von denen du fasziniert bist. Was zieht dich in seinen Bann, was bewunderst du? Wirf dann einen Blick zurück und erkunde, ob du dich daran erinnern kannst, irgendwann in deiner Vergangenheit vielleicht selbst Ansätze dieser Eigenschaften in dir entdeckt oder gar gelebt zu haben. Was ist damit geschehen? Wurdest du in einer Situation dafür beschämt, besonders offenherzig gewesen zu sein? Hat dich jemand verlassen oder dir anderweitig Liebe, Aufmerksamkeit und Unterstützung entzogen? Vielleicht sind einige der Eigenschaften auch nie wirklich zur Entfaltung gekommen, weil du in einem Umfeld aufgewachsen bist, in dem sie besonders verpönt waren.

Gerade, wenn du dich in einer besonders bewundernden, aufschauenden Position deinem Partner gegenüber befindest, kann dies ein Hinweis darauf sein, dass die von dir angebeteten Eigenschaften eigentlich ein Teil deines Selbst sind. In der Begegnung mit anderen Menschen sind wir immer auf der Suche nach dem wichtigsten Menschen unseres Lebens: uns selbst. Dies ist die Sehnsucht, die uns antreibt, anderen zu begegnen und in den Ausdruck zu gehen.

Um dich selbst mehr zu spüren und die bewunderten Anteile zu integrieren, kannst du dich auf die Mission begeben, sie in deinem eigenen Leben aufleuchten zu lassen. Viele Menschen neigen dazu, das, was ihnen am meisten Freude und Leidenschaft beschert, in die Bewunderung anderer Menschen auszulagern, die es für sie ausleben. Sie können sich nicht vorstellen, dass das, was sie so fasziniert, gerade für sie sein könnte. „Bin ich besonders genug, um selbst die Hauptrolle in ihrem eigenen Leben zu spielen?" fragen sie sich und erleben dann das Hochgefühl, nach dem sie sich sehnen, in Form von Verliebtsein in einen anderen Menschen.

All dies bedeutet nicht, dass die Wurzeln des Verliebtseins immer in noch unreflektierten Mustern zu finden sind. Es ist wundervoll, verliebt zu sein und sich damit so von einem anderen Lebewesen faszinieren zu lassen. Verliebtsein führt dazu, über sich selbst hinaus Grenzen zu einem anderen Menschen zu überwinden und Brücken zu schlagen. Klar ist, du fühlst dich immer von dem Partner angezogen, der genau der Richtige für dich ist – was ist damit gemeint?

„Der Richtige" ist sehr oft missverstandener Ausdruck. Wir meinen damit, dass der Richtige unser Herz höherschlagen lässt und Glücksgefühle in uns hervorruft, was du durchaus genießen darfst! Selbstverständlich ist es wunderschön, das Glück einer jungen Liebe voll auszukosten und sich in fröhlichen Emotionen zu verlieren. Sie haben ihre Berechtigung und du darfst dir erlauben, dich mit all deinem Sein daran zu erfreuen.

Doch der Richtige ist auch derjenige, der dir zum Wachstum und zur Heilung verhilft. Üblicherweise verliebst du dich in einen Menschen, der, wie bereits erwähnt, deine Knöpfe drücken wird und damit nicht nur alte Muster zum Vorschein bringt, sondern auch das Potential, sie zu heilen. Verliebtsein ist demnach ein Hinweis auf Glück und Schmerz – und kann verheißungsvoll auf eine glückliche, gemeinsame Zukunft sein, wenn es mit den folgenden Punkten Hand in Hand geht.

2. Werte und Ziele – wollt ihr beide das Gleiche?

Für eine gelungene Beziehung ist es wichtig, dass beide Partner in dieselbe Richtung schauen. Was ist damit gemeint? Müssen alle Hobbys, die Weltsicht, Interessen und Herangehensweisen an das Leben übereinstimmen?

Mitnichten! Je länger Paare miteinander gemeinsam den Weg gehen, umso deutlicher wird ihnen oft, wie unterschiedlich sie eigentlich sind. Der eine ist vielleicht sehr genau in allem und stark leistungsorientiert, mag es, wenn die Dinge ihre Ordnung haben und alles einen geregelten Gang geht. Der andere hingegen verliert sich vielleicht gern einmal in einem Tagtraum, geht Prozesse entspannter an und ist weniger handlungsorientiert. Beide Herangehensweisen haben ihre Schätze und Berechtigung.

Auch private Interessen, Hobbys und Freundeskreise müssen nicht immer übereinstimmen. Es ist durchaus möglich, dass beide Partner sich in diesen äußeren Aspekten teilweise in unterschiedlichen Welten zuhause fühlen. Davon können sie profitieren und sich gegenseitig inspirieren.

Wichtig ist vor allem der innere Gleichklang. Die Schnittmenge zwischen Menschen, die miteinander leben und weben möchten, sollte eine tragfähige Basis für eine – sofern gewünschte – dauerhafte Beziehung sein. Am tiefsten geht das Fundament, wenn alle Parteien sich darüber im Klaren sind, was sie eigentlich von dieser Beziehung möchten. Was ist euer „wozu"? Stimmt ihr darin überein, gewisse Werte und Ziele gemeinsam zu verfolgen, die euch durch Konflikte tragen und über das Alltägliche hinausgehen? Wie steht es um eure gemeinsamen Werte, welche Absprachen habt ihr getroffen, um diese auch umzusetzen? Ist die Vorstellung von einer Beziehung bei euch beiden auf demselben Blatt geschrieben? Habt ihr beide den gleichen Anspruch an Wachstum, Fortschritt, persönliche Entwicklung? Seid ihr beide bereit, euch immer wieder zu hinterfragen, an euch zu arbeiten und beispielsweise Eigenverantwortung als euren gemeinsamen Wert zu einem Fundament eurer Verbindung zu machen? Habt ihr euch auf einen gemeinsamen Kommunikationsstil geeinigt?

Wichtig ist außerdem, dass ihr beide aus eigener Motivation Teil dieser Beziehung seid und Bereitschaft zeigt, euren Part einzubringen. Selbstverständlich warten Konflikte, unterschiedliche Erwartungen und Zeiten unerfüllter Bedürfnisse auf euch und ihr dürft gemeinsam den Weg gehen, immer wieder durchzuhalten, aufeinander zuzugehen und zu lernen, dieser Beziehung eine neue Tiefe abzugewinnen.

Es besteht jedoch ein Unterschied zwischen dauerhaftem Kampf und gegenseitigem Misstrauen – welches auf unterschiedlichen Vorstellungen beruht, bei denen mindestens einer von beiden sein tiefstes Wesen verraten müsste – und der natürlichen Auseinandersetzung damit, sich voll und ganz in der Öffnung des eigenen Herzens und dem Erlernen echter, praktischer Liebe zu üben.

Hinterfrage ehrlich, auf welche Basis du deine Beziehung stellen möchtest und was du in einer Verbindung mit einem anderen Menschen erwartest. Sei mutig, einen Partner zu wählen, der mit dir in die gleiche Richtung blickt, mit dem dich etwas verbindet, das euch immer wieder zusammen auf die Füße hilft. Hab Vertrauen, dass du wert genug bist, jemanden zu wählen, der dich wahrhaftig sehen und erkennen möchte und deine Begabungen, deine Liebe und besonders deine Empathie schätzt und nicht ausnutzt. Gehe die Kompromisse da ein, wo sie notwendig sind, um ein gemeinsames Leben aufzubauen, doch nicht da, wo es am Ende ein Opfer deiner wichtigsten und kostbarsten Werte und Anteile deiner Persönlichkeit wäre.

Hier erhältst du eine kleine Liste an Fragen, die du dir im Vorhinein oder gemeinsam mit deinem Partner stellen kannst:

> ➢ Welche fünf Grundwerte sind für mich persönlich und damit auch in einer Beziehung unerlässlich, die wir beide vertreten sollten?

Schreibe diese Werte auf und überprüfe, in welchem Teil deines Herzens sie dich bewegen. Lass sie lebendig werden und erlaube dir eine Vorstellung in naher Zukunft, in der du diese Werte lebst. Wie sieht dein Alltag aus, wie drücken sich diese Werte in eurer Beziehung aus?

Werte können zum Beispiel sein: Ausrichtung auf ein höheres Ziel, Klarheit im Umgang miteinander, Wahrhaftigkeit, Selbstreflexion, Freiheit, Integrität, Entwicklung, Flexibilität, Harmonie, Achtsamkeit, Leidenschaft

Achte auf die Unterscheidung deiner persönlichen Grundwerte, an denen nicht gerüttelt werden sollte und die idealerweise denen deines Partners entsprechen und solchen, die variieren und sich ergänzen können. Erstere bilden eine starke Grundlage für eine starke Partnerschaft und helfen euch, einander tief zu vertrauen. Je deutlicher es wird, dass ihr beide euren Werten treu seid, umso sicherer könnt ihr euch beieinander fühlen und spüren, dass ihr nicht nur dem anderen zuliebe handelt, sondern aus intrinsischer Motivation heraus, die euch viel langfristiger und verlässlicher begleitet.

> An welchen Stellen gehe ich gerne Kompromisse ein, ohne mich selbst zu verraten?

Kompromisse mit dem, was deinem tiefsten Herzen entspricht, fordern ein hohes Opfer. Deine Integrität, das Gefühl für dich selbst und deine Bedürfnisse werden in hohem Maß darunter leiden, wenn du aus falsch verstandener Empathie und Liebe dem anderen gegenüber deine Sphäre verlässt, die die Basis deiner Lebendigkeit, Persönlichkeit und Schaffenskraft bildet. Sobald du dich in deinem Kern verstellst und nicht ganz du selbst bist, verlierst du an Glaubwürdigkeit vor allem dir selbst gegenüber und bist besonders als Empath extrem anfällig dafür, wieder einmal Gast im Leben eines anderen Menschen zu sein, anstatt würde- und liebevoll dein Leben aktiv zu gestalten.

Erlaube dir daher, kompromisslos zu sein mit dem, was dir wirklich von Herzen entspricht. Erst dann kannst du auch von anderen Menschen gesehen und erkannt werden. Du hast Profil, Charakter, bist für andere greifbar – und in diesem Moment auch fähig, geliebt zu werden. Wenn dein Partner weiß, wen er vor sich hat, kann er in der Liebe dessen wachsen, was er sieht. Liebe braucht ein Ziel. Erlaube dir, klar und deutlich dieses Ziel zu sein und zu dem zu stehen, was dir wichtig ist. Wenn deine tiefsten Herzensangelegenheiten nicht geliebt werden, sondern dauerhaft auf Ablehnung stoßen, darfst du dich fragen, ob dein Partner wirklich dich meint und meinen möchte und ob du in einer solchen Partnerschaft sein möchtest.

> Welche Anteile in mir möchten durch diese Beziehung geheilt werden und wo glaube ich, dass ich noch aus alten Verletzungen heraus meinen Partner gewählt habe? Können wir dies gemeinsam angehen und die Herausforderung annehmen, für- und miteinander Heilung zu sein?

Wir alle gehen nicht unverletzt aus unserer Vergangenheit hervor. Niemand ist ohne Alltagsneurosen, Triggerpunkte oder vollends geheilt. Unsere Erfahrungen machen uns zu dem, wer wir heute sind und das ist auch gut so. Heilungsarbeit ist dazu da, dass wir nicht unverhältnismäßig unter unseren Verletzungen leiden und sie sich immer wieder zerstörend auf unsere Beziehungen und unsere Lebensgestaltung auswirken. Sie sollte nicht dazu verwendet werden, unsere Schatten ausmerzen zu wollen und auf eine perfektionierte Version unserer selbst hinzuarbeiten.

Somit ist eine Beziehung auch immer ein Ort, an dem diese alten Verletzungen sich zeigen und natürlicherweise zu Konflikten führen. Dein Partner ist also nicht gleich ein eiskalter Narzisst und die Beziehung nicht zu retten, weil er vermeidende Strukturen an den Tag legt oder du ihn emotional oft nicht erreichen kannst. Die Frage ist, ob er bereit ist, diese Verhaltensweisen als Frucht seiner Vergangenheit zu erkennen, daran zu arbeiten und sich mit dir darüber auseinanderzusetzen. Wollt ihr gemeinsam verstehen, was geschieht? Ist euch die Dynamik einer sich entwickelnden Verbindung bewusst, habt ihr gute Chancen darauf, immer wieder Lösungen zu finden, aus Konflikten gestärkt hervorzugehen und zu lernen, wie Liebe wirklich „funktioniert": Sie ist der wundervolle

Tanz zwischen Annahme und Veränderung, Umarmung dessen, was ist und dem sanften Zug in eine gesundende Zukunft.

> ➤ Ist die Grundbasis gegeben, dass wir füreinander erste Wahl sind und wir uns bewusst für diese Beziehung entschieden haben?

Beachte: Es geht nicht um die Art einer Entscheidung wie bei einer Eheschließung, die besagt, wir bleiben zusammen, komme was wolle, selbst, wenn die Verbindung für uns beide dauerhaft nicht heilsam ist. Eine Entscheidung für den Menschen an deiner Seite kannst und darfst du jeden Tag neu treffen. Es kann euch helfen, in herausfordernden Zeiten gemeinsam zu besprechen, dass ihr nicht auseinander gehen werdet, wenn dies eurer beider Wunsch ist. Ein solches Statement ist jedoch auch daran geknüpft, dass ihr beide bereit seid, euren Teil dazu beizutragen, dass die Beziehung eine Krise überstehen kann. Ruht euch nicht auf einem Versprechen füreinander aus. Seht einander, seid bereit, den anderen mit eurer Entscheidung zu respektieren, indem ihr auch die Verantwortung dafür übernehmt.

Eine hilfreiche Affirmation kann sein: „Ich bin der beste Mensch für den besten Menschen." Somit erinnerst du dich immer wieder daran, dass du dein Bestes geben möchtest, dich zur Weiterentwicklung entschieden hast und gleichzeitig auch die gesunde Erwartung an die Partnerschaft legst, dass sie dich nicht nur fordert, sondern auch nährt und dir ein Zuhause im Herzen eines anderen Menschen schenkt.

Eine Entscheidung für die Beziehung kann und darf in jedem Moment revidiert werden. Gehe nicht leichtfertig damit um und hinterfrage dich immer, worum es gerade wirklich geht. Wenn dir jedoch grob fahrlässig Schaden zugefügt wird in Form von Sucht, Gewalt oder anderem grenzüberschreitendem Verhalten, musst du nicht abwarten, ob sich die Situation noch einmal bessert. „Aus Liebe durchhalten" ist eine beliebte Parole für Empathen, die sich selbst aufopfern und damit ungesunden Beziehungen ihren Teil des Futters liefern. Du darfst Grenzen setzen und Nein sagen. Verabschiede dich aus missbräuchlichen Zuständen, auch wenn du mit schlechtem Gewissen konfrontiert wirst. Dieses kann ebenfalls aus deiner Vergangenheit herrühren und dich dazu verleiten, solche Zustände viel länger zu ertragen, als es mit gesundem Menschenverstand angebracht ist. Als Empath bist du nicht dafür zuständig, den anderen zu retten oder seinen Teil der Verantwortung für sein Leben mit zu übernehmen. Einander zu tragen bedeutet, auf Augenhöhe gemeinsam die Beziehung zu gestalten, sich immer wieder zu öffnen und verletzbar zu machen, auch wenn es schwer erscheint. Doch es bedeutet nicht, unbewusst eine Elternrolle für den anderen zu übernehmen.

> ➢ Wo sehe ich mich in fünf oder zehn Jahren, wo sieht mein Partner sich? Verfolgen wir ein gemeinsames Ziel? Sind Grundvorstellungen der Lebensführung (Familie, Kinder, Lebensort, Karriere ...) ähnlich oder zumindest miteinander vereinbar?

Wenn die Gemeinsamkeiten an diesem Punkt gänzlich auseinanderdriften, ist es in der Regel ohnehin selten, dass zwei Menschen dauerhaft beieinander sein können und möchten. Doch kommt es unter Empathen mit ungeheilten Anteilen und hoher Opferbereitschaft oft vor, dass sie ihre Vorstellungen und Träume gänzlich für die Beziehung aufgeben. Sie verromantisieren die Idee der Selbstaufgabe im Sinne der Bereitschaft, für den Partner alles zu geben und mit ihm in (seine) neue Zukunft zu ziehen. Hier kommt das Muster der Anpassung wieder zum Vorschein: Viele Empathen haben als Kind gelernt, dass sie nur die Wahl der totalen Angleichung haben, wenn sie nicht verlassen und ausgestoßen werden möchten. Sie haben den Kontakt zu sich und ihren Bedürfnissen aufgegeben oder projizieren sie auf die geliebte Gestalt des Partners („Er/sie ist alles, was ich brauche, um glücklich zu sein"), um dem Schmerz und der Angst vor dem Verlassenwerden zu entgehen.

Eine toxische Entwicklung der Verbindung ist in diesem Fall unvermeidlich und die beiden sind wahrscheinlich nur so lange symbiotisch in der Verbindung, wie es dem führenden Part auf die eine oder andere, oft unbewusste Weise, dient.

Daher ist bei der Partnerwahl vor allem zu beachten, dass du selbst zuerst mit deinen Lebenszielen, Träumen und Wünschen in Kontakt stehst und bereit bist, diese nicht aufgrund frischer Gefühle zu verlassen. Du bist bereit für eine dauerhafte, glückliche Beziehung, wenn du formulieren kannst, was du dir wünschst und ihr beide feststellt, dass ein gemeinsam eingeschlagener Weg eurer jeweiligen Vision guttut und nicht diametral im Wege steht.

> ➢ Sehen wir beide einen höheren Sinn in der Verbindung und wenn ja, welchen?

Die gemeinsame Beantwortung dieser Frage führt zu einer stabilen Basis in eurer Verbindung, die euch auch in herausfordernden Zeiten Fokus und Anker bietet. Wenn ihr euch als Paar als Teil eines größeren Ganzen begreifen könnt, fällt es euch leichter, dem emotionalen Auf und Ab im Alltag den Platz zuzuweisen, der ihm gebührt: Es bestimmt nicht mehr länger eure tiefe Ausrichtung und die wichtigen Entscheidungen in eurem Miteinander. Ihr seid euch darüber bewusst, dass euch mehr zusammenhält als die flüchtige Befriedigung oberflächlicher Wünsche und emotionaler Hochgefühle.

Eine offene, klare Kommunikation ist in diesem Punkt von Anfang an von großer Bedeutung: Wenn dir deine Berufung und der tiefere Sinn einer Partnerschaft wichtig ist, zögere nicht, dieses Thema regelmäßig in den Raum zu bringen. An der Art, wie dein Partner darauf eingeht, kannst du schon erkennen, inwieweit er für eine Partnerschaft nach deinem Herzen in Frage kommt. Du wirst verstehen, was ihn motiviert und welche Beweggründe ihn veranlassen, sich mit dir zu verbinden.

Folgt ihr einem gemeinsamen Ziel, kann sich dies zudem heilsam auf bestimmte seelische Wunden auswirken, aus denen Verlassensängste resultieren. Wenn du spürst, dass dein Partner einem klaren Ziel, einem für sich höheren Sinn folgt, den die Partnerschaft beinhaltet, kannst du dich besser fallenlassen und lernen, seiner Integrität zu vertrauen. Du musst nicht mehr unter dem Druck leiden, perfekt zu sein und alles richtig machen zu müssen, um nicht verlassen zu werden – vielmehr gebt ihr beide euer Bestes zugunsten des gemeinsamen Ziels. Wenn das größere Bild euch trägt, ist da mehr als nur flüchtige Emotion. Dies ist die wahre Superkraft eurer Verbindung.

> ➤ Sind wir bereit zur Selbstreflexion und zur Arbeit an inneren Vorgängen?

Gut fünfundneunzig Prozent unserer Wahrnehmung, unseres Handelns und unserer Entscheidungen werden von unserem Unterbewusstsein bestimmt. Nur fünf Prozent ist uns tatsächlich bewusst und wir können daran arbeiten. Umso wichtiger ist es, immer wieder bereit zu sein, etwas tiefer zu graben und die Arbeit zu leisten, die uns auch an bisher unbewusste Anteile unserer Persönlichkeit führt. Somit kannst du dich selbst besser verstehen und akzeptieren lernen und sogar herausfinden, wie du neue, gesunde Gewohnheiten, Glaubenssätze und Lebensweisen entwickeln kannst, kurz: Du kannst deine Geschichte und dein Schicksal mit innerer Arbeit aktiv verändern.

Selbstverständlich ist dies eine Frage des Willens: Niemand ist dazu verpflichtet, so zu leben. Doch als sensibler Empath hast du vermutlich ein natürliches Bedürfnis danach zu erkunden, was hinter all dem steckt. Du findest Freude und Erfüllung darin, dich mit deiner Persönlichkeit und einem tieferen Sinn auseinanderzusetzen. Wenn dem so ist, tust du dir von Herzen Gutes mit der Wahl eines Partners, dem es ebenso ergeht. Du wirst wahrscheinlich nicht glücklich mit jemandem, der augenscheinlich damit zufrieden ist, sein Leben auf einer oberflächlichen Basis zu gestalten und sich nur mit dem auseinanderzusetzen, was er vor Augen sieht: materieller Standard, persönliche Interessen, Hobbys, Finanzen, oberflächlicher Austausch in Beziehungen.

Es kann durchaus sein, dass du hin und wieder jemanden triffst, zu dem du dich stark emotional oder körperlich hingezogen fühlst. Doch gerade, wenn dies in einer Phase geschehen sollte, in der du dich einsam fühlst und nach einer Partnerschaft sehnst, lass dein Bauchgefühl nicht aus den Augen. Wenn du wahrhaftig mit deiner Wahrnehmung bist, wird sie dir mitteilen, ob dieser Mensch realistisch zu dir passt oder ob ihr euch lediglich auf einer oberflächlichen Sphäre getroffen habt.

Viele Menschen, die kein natürliches Bedürfnis nach Selbsterkenntnis aufweisen, fühlen sich in einem bestimmten Status ihrer Entwicklung zu Menschen mit tiefsinnigeren Anteilen hingezogen. Gerade Empathen strahlen oft eine gewisse Sanftheit und Mütterlichkeit aus, Sicherheit durch Annahme und Verständnis. Dadurch kann sich wieder einmal eine ungesunde Struktur ergeben: Der Empath funktioniert als Spiegel für das Gegenüber, das sich bequem zurücklehnen und die Vorzüge der Verbindung genießen kann. Die ungeheilten Muster des Empathen verleiten ihn dazu, sich zurückzunehmen und in der Verbindung zu genießen, was er bekommen kann, beispielsweise körperliche Zuneigung oder andere äußerliche Freuden wie gemeinsame, romantische Unternehmungen oder interessante neue Erlebnisse. Doch wonach er sich wirklich sehnt, nach authentischem, intimem, wahrhaftigem Austausch, ist meist nicht möglich, die beiden Welten sind zu unterschiedlich.

Gegen eine kurzzeitige Freude mit einem Menschen, der nicht zu dir passt, ist selbstverständlich nichts einzuwenden, wenn es deiner Überzeugung und deinen inneren Werten nicht entgegensteht. Doch beachte immer den Rahmen, den du einer solchen Verbindung zusprechen möchtest und behalte das Ziel im Auge: den Traum, eine dauerhafte, haltbare Beziehung mit jemandem einzugehen, dessen Werte und Lebensweise der deinen wirklich entsprechen.

> ➤ Was liebst du am anderen, was liebt er an dir? Entsprechen die Bilder, die ihr voneinander habt, der Realität? Seid ihr wahrhaftig miteinander oder zumindest bereit, es zu werden und euch einander in eurem wahren Wesen zu zeigen?

Auf deiner Partnersuche kommt es darauf an, dass du dich in deinem wahren Selbst zeigst. Vielleicht hast du dir im Laufe der Zeit eine Art Schutzschicht zugelegt, ein Gesicht, welches du nach außen präsentierst und mit dem du hoffst, mehr in der Welt anzukommen und gesehen zu werden. Eventuell bist du in Wahrheit zurückhaltend oder gar etwas schüchtern oder du bist allgemein eher introvertiert und still und fühlst dich damit auch ganz wohl. Oder du bist recht aktiv und extrovertiert, hast jedoch erlebt, dass dir diese Eigenschaft negativ ausgelegt wurde, etwa, dass du dich in den Vordergrund drängst oder zu laut bist. Womit auch immer du beschämt wurdest, war vor dieser Verletzung noch ein natürlicher Ausdruck deines Charakters, den du mit der Zeit zu verstecken gelernt hast.

Wenn du bereit bist, dich selbst wieder anzunehmen, wie du wirklich bist und erlaubst, dass deine ursprüngliche Persönlichkeit wieder zutage tritt, ohne dass du dich dafür schämst oder entschuldigst, kann jemand in dein Leben treten, der wirklich zu dir passt. Ihr begegnet euch in eurem wahren Selbst und seid nicht geblendet von einer ansprechenden Abendgarderobe, glatten Worten oder materiellem Status.

Achte daher bei der Partnerwahl darauf, was du siehst: Blickst du aus deiner authentischen Wahrnehmung auf den anderen Menschen, nah an dem, was du wirklich willst oder suchst du dir jemanden nach den Anforderungen, von denen andere dir sagen, dass sie von Bedeutung sind? Zeigt dein Gegenüber sich außerdem authentisch? Kann er im Feuer der Wahrheit stehen, seine Schwächen zugeben, hast du den Eindruck, dass er nicht versucht, jemand anderes zu sein, als er wirklich ist? Vertraue auch hier wieder deinem Bauchgefühl: Authentizität lässt sich nicht spielen. Unsere Ausstrahlung verrät uns immer und gerade mit deinem Mitgefühl wird es dir nicht schwerfallen, echtes von unechtem zu unterscheiden.

3. Brücken schlagen

Eine Partnerschaft lebt davon, sich täglich immer wieder neu in einem gemeinsamen Raum, einer Schnittmenge, einer Mitte zu begegnen. Brücken zu bauen, ist daher eine der Hauptaufgaben einer Beziehung. Immer, wenn Menschen sich begegnen, werden Brücken zwischen zwei Lebenswelten geschlagen. Es bestehen so viele unterschiedliche Welten, wie Individuen existieren.

Mache dir bewusst, welche Brücken in welche Welten du bauen möchtest. Welche Schluchten möchtest du überwinden, in welchen Bereichen drängt es dich nach Verbundenheit, nach Austausch, nach Wiedervereinigung?

Ein Dilemma des menschlichen Seins besteht in der Auseinandersetzung mit der gefühlten Trennung zu unserer Umwelt und unserer Sehnsucht nach Gemeinschaft. Die sich stark entwickelnde Hinwendung zur Individualität in unserer westlichen Welt trägt dazu bei, dass Menschen sich zunehmend allein und isoliert fühlen und es ihnen immer schwerer fällt, sich als Teil einer Gemeinschaft einzufügen, ohne dabei das Gefühl zu haben, sich zu verlieren. Es besteht ein immer größer werdender Spagat zwischen Selbstverwirklichung und Selbstaufgabe. Die Balance möchte immer wieder neu justiert werden und das Bedürfnis nach authentischem Sein innerhalb einer liebenden, wertschätzenden Gruppe muss Rechnung getragen werden.

Empathie ist hierbei DAS Werkzeug, das echte Begegnung erst möglich macht. Ohne sie ist keine Verständigung möglich. Menschen sprechen aneinander vorbei, haben kein Gefühl dafür, was gerade wirklich vor sich geht, was der andere braucht und wie es möglich sein kann, das Gefühl der zwischenmenschlichen Trennung bei der Wurzel zu packen. Selten geht es in einem Konflikt wirklich um das, was vordergründig auf dem Tisch liegt. Werden gegenseitige Bedürfnisse nur oberflächlich bedient oder auf die eigene Art angegangen, anstatt auf die Art, die das Gegenüber wirklich berührt, werden die Parteien immer unbefriedigt aus einer Begegnung hervorgehen.

Wonach wir uns als Menschen wirklich sehnen, ist der stille Raum zwischen uns, der entsteht, wenn wir einander wahrhaftig begegnen. Der Moment, in dem jemand wagt, in gewaltfreier Kommunikation und vollkommen authentisch die Wahrheit zu sagen und er von dem Geliebten wirklich gehört wird, grenzt an Magie. Es scheint, als öffne sich ein weiter Horizont, ein besonderer

Frieden, ein zeitloser Raum, in dem alles schweigt und nicht mehr durch Floskeln und Diskussionen überdeckt wird, die doch nur an der Oberfläche kratzen.

> Stell dir vor, du springst von einem Sprungbrett ins Wasser und während du eintauchst und hinunter sinkst, ist es für einen Moment vollkommen still um dich herum.
>
> So fühlt sich ein Moment an, in dem du ganz und gar gesehen und von einem anderen Menschen erkannt wirst. Der Kampf ist vorbei, der Schrei nach der ausgestreckten Hand verstummt, sie ist da, warm und weich, zugewandt, bereit zu halten und zu geben.

Um Brücken zu schlagen, ist es notwendig, dass beide Partner grundsätzlich gewillt sind, den anderen zu erkennen, und sich dessen auch bewusst sind. Wir alle tragen die Sehnsucht danach, miteinander in Frieden zu sein und uns beieinander wahrhaftig zeigen zu können, in uns, doch eine aktive Entwicklung in diese Richtung ist nur möglich, wenn ihr euch beide darauf besinnt und auch eine Weltsicht vertretet, in der euch klar ist, dass ihr durch die Veränderung eurer Gedanken eure gemeinsame Welt erschaffen und aufeinander zugehen könnt.

Wähle daher einen Partner, der ebenso wie du den Fokus darauf legt, in einer Partnerschaft in die Tiefe zu gehen und sich selbst, dich und euch gemeinsam zu ergründen. Sprich mit einem potenziellen neuen Partner über seine Sichtweise auf diese Themen und klopfe ab, was eine Beziehung für ihn bedeutet: Möchte er nur seine oberflächlichen Bedürfnisse erfüllt wissen? Möchte er nicht allein sein, regelmäßig Sex haben, eine Partnerin, die ihm das Bett wärmt? Möchte er jemanden haben, der ihn bewundert und somit von seinen Gefühlen der Minderwertigkeit und Unzulänglichkeit ablenkt?

> Hat eine Beziehung für dich und deinen Partner den Zweck, aufzuwachen, oder geht es darum, innerlich weiterzuschlafen?
>
> Dies ist die grundsätzliche aller Fragen, die ihr euch stellen müsst. Wenn ihr euch in diesem Punkt einig seid, habt ihr eine gute Basis, um gemeinsam in dieselbe Richtung zu blicken und eine Brücke in beide Richtungen eurer Welten zu schlagen, die euch wahrhaftig verbindet.

Einige Bereiche, in denen es gilt, Brücken zu schlagen, können sein:

- ➤ Unterschiedliche Weltsichten, die nach Gemeinsamkeit verlangen
- ➤ Das Bedürfnis nach Nähe und Distanz
- ➤ Das Bedürfnis nach Symbiose und Individualität
- ➤ Das Bedürfnis nach Gewohnheit und Aufbruch
- ➤ Jeweils alltägliche Gewohnheiten, die Kompromisse benötigen
- ➤ Bekannte und versteckte Lebensziele, die übereinkommen möchten

Empathie ermöglicht es euch beiden, den anderen zu sehen, wie er ist, ohne ihn zu be- und verurteilen. Ihr dürft euch beide in diesem Raum zwischen euch zeigen, wie ihr wirklich seid und könnt einander in Mitgefühl begegnen. Damit wird die gegenseitige Verständigung möglich, die du dir ersehnst. Erst sie gibt dir das Gefühl echter Erfüllung in der Partnerschaft, die deiner Sehnsucht nach Authentizität entspricht.

Mehr dazu erfährst du in Kapitel 5, wenn es darum geht, mithilfe von Empathie die Beziehung zu erschaffen, die du dir von Herzen wünschst.

4. Körper, Seele, Geist – worauf kommt es wirklich an?

Aufgrund deiner Sensibilität in zwischenmenschlichen Bindungen wird dir vermutlich schnell deutlich werden, was euch beide verbindet und auf welcher Basis eure Anziehung stattfindet. Ist eure Beziehung vor allem körperlicher Natur, begegnet ihr euch vermutlich am tiefsten auf dieser Ebene. Es ist gut möglich, dass ihr tatsächlich fantastischen Sex habt und du dich auf dieser Ebene vollkommen ergriffen, verstanden und erfüllt fühlst. Wenn euer beider Neigungen zueinander passen und die körperliche Anziehung ganz natürlich starke Reaktionen in euch auslöst, ohne dass ihr euch dafür in Performing-Druck bringt, fungiert diese Ebene wie ein Klebstoff, der euch wie süchtig nacheinander macht. Grund dafür ist die Ausschüttung der Hormone, die die körperlichen Begegnungen und intensive Hochgefühle verursachen.

Die intensive Bindung vorrangig auf der körperlichen Ebene birgt jedoch auch eine Schattenseite: Bei starker körperlicher Anziehung ohne die tiefe Verständigung auf seelischer und geistiger Ebene kommt es oft dazu, dass auch tieferliegende Themen und Konflikte in der körperlichen Begegnung ausgetragen werden – diese Dynamik ist den Beteiligten jedoch in den seltensten Fällen bewusst.

Leila erinnert sich immer wieder an eine solche Verbindung, die sie einige Jahre vor ihrer Beziehung mit Markus eingegangen war: In einer Phase, in der sie sich in ihrem Privatleben in einer intensiven Identitätskrise im Zuge des Erwachsenwerdens befand, lernte sie bei einer Abendveranstaltung einen faszinierenden Mann kennen, zu dem sie sich unerklärlich stark hingezogen fühlte. Sie konnte sich nicht daran erinnern, körperlich je so stark auf einen anderen Menschen reagiert zu haben. Er schien alle erotischen Anteile in ihr zu wecken, die sich bis dato noch in tiefem Schlaf befanden. Noch ohne sie berührt zu haben, hatte Leila plötzlich das Gefühl, endlich aufzuwachen. Sie fühlte sich so sehr im Jetzt und so lebendig wie nie zuvor. Die starke körperliche Anziehung zwischen den beiden Menschen führte zu intensiv leidenschaftlichen Begegnungen, die in Leila zuweilen sogar die Angst auslösten, diese intensiven Erlebnisse eines Tages zu verlieren und so nie wieder erleben zu können. Je länger die Verbindung anhielt, umso sicherer war sie sich, dass diese Verbindung einzigartig und etwas ganz Besonderes sein musste.

Doch schon anfänglich zeichnete sich ab, dass die überschwänglichen Gefühle zwischen den beiden sich nicht nur auf der körperlichen Ebene abspielten – auch in der Kommunikation wallten sie auf, jedoch nicht auf die gewünschte Art: Streit und lieblose Wortwahl waren an der Tagesordnung. Leila beschlich oft das Gefühl, sich selbst gar nicht mehr wiederzuerkennen. Die Auseinandersetzungen gingen heiß her – ebenso jedoch auch die Versöhnungen, die fast allesamt durch leidenschaftliche körperliche Begegnung besiegelt wurden. Oft fielen die beiden mitten im Streitgespräch übereinander her.

Im Streit hatte Leila regelmäßig das Gefühl, dass die beiden vollkommen aneinander vorbeiredeten. Sie gab oft nach, fühlte sich untergebuttert und beschämt. Nicht selten hatte sie das Gefühl, durch die raue Wortwahl ihres Partners kleingemacht und niedergedrückt zu werden.

Oft versuchte sie, auch außerhalb der körperlichen Verbindung auf der Herzebene eine Beziehung zu dem Mann aufzubauen, doch es schien, als sei dies unmöglich: Wenn Leila sich traute, über Dinge zu sprechen, die ihr wichtig waren, beschlich sie regelmäßig die Vermutung, dass ihr Partner sich für ihre Belange wenig interessierte. Er hörte zwar zu, doch ihr Bauchgefühl ließ ihr keine Ruhe mit der Empfindung, dass es nicht darum ging, sie wirklich zu verstehen und für sie da zu sein, sondern aus den Informationen, die sie ihm über sich zukommen ließ, einen Vorteil zu schlagen. Immer wieder fand Leila sich in einer Schleife von Verzweiflung und Wut wieder, denn sie spürte, dass etwas nicht in Ordnung war, doch konnte kaum in Worte fassen, was genau im Argen lag.

In der körperlichen Begegnung fand sie jedoch solch tiefe Erfüllung, dass sie die Warnzeichen auf den anderen Ebenen ignorierte und sich immer wieder einredete, dass alles in Ordnung sei. Ihr Partner gab ihr in der weiteren Entwicklung der Verbindung immer wieder das Gefühl, sie sei schuld an Unstimmigkeiten und Streit und ihm gegenüber nicht verständnisvoll.

Die Beziehung zwischen Leila und ihrem damaligen Partner offenbart eine typische Verbindung zwischen Empathen und Narzissten. Hier ist zu beachten, dass wahrscheinlich beide

Menschen beide Anteile in sich tragen, einer davon jedoch jeweils hauptsächlich zum Vorschein kommt und die beschriebene Dynamik begünstigt.

Eine extreme körperliche Anziehung ohne Verständigung auf seelischer und geistiger Ebene fördert ebenso eine derart toxische Beziehung: Die Hormone und Hochgefühle führen dazu, dass es immer schwerer wird, sich voneinander zu lösen und vernunftbasierte Entscheidungen zu treffen. Hinzu kommen Dynamiken wie Manipulation und Täter-Opfer-Unterstellungen, die dazu führen, dass die gegenseitige Verstrickung zunimmt.

Aus diesem Grund ist es so wichtig, dass eine Beziehung auf ganzheitlicher Ebene zu echter, authentischer Begegnung führt. Gerade in der Dynamik der Empathie- und Narzissmus-Spirale ist es unausweichlich, dass beide Parteien sich ihrer Tendenz bewusst sind und gemeinsam daran arbeiten.

Auch wenn auf nur einer der anderen beiden Ebenen, seelisch oder geistig, eine Verbindung stattfindet, die körperliche Ebene im Ungleichgewicht ist und einer von beiden sich diesbezüglich eine Veränderung herbeisehnt, die nicht bearbeitet wird, kann die Täter-Opfer-Dynamik zum Vorschein kommen. Bei den meisten Menschen ist die körperliche Verbindung ebenso wichtig wie die Verständigung auf seelischer und geistiger Ebene und es kann enorm viel Druck und Erpressungspotential entstehen, wenn nicht durch gegenseitiges Mitgefühl an dieser Stelle nach Einigung gestrebt wird.

> **Tipp:** Solltest du dich in einer Position der Abhängigkeit wiederfinden, weil du dir immer wieder Dinge von deinem Partner wünschst, die er nicht zu geben bereit ist, lohnt es sich, auf einer tieferen Ebene zu erforschen, wie diese Dynamik zustande kommen konnte. Erinnere dich an die Erklärungen aus den vorangegangenen Kapiteln: Hinterfrage deine Beweggründe, die zur Wahl dieses Menschen geführt haben: Gehst du im Hinblick auf deine Idealvorstellung einer erfüllten Partnerschaft zu viele Kompromisse ein? Hast du deinen Partner

> aufgrund aktiver alter Verletzungen gewählt und erlebst nun die alte Geschichte wieder von Neuem? Kann es sein, dass das Wesen deines Partners grundsätzlich gar nicht deiner Sehnsucht entspricht und er sich verbiegen muss, um deinen Bedürfnissen zu begegnen? Erlaubst du dir, jemanden zu wählen, der von sich aus einen ähnlichen Wertekern wie den deinen aufweist?

Zudem kannst du dir die Frage stellen, inwieweit du deine Eigenverantwortung an deinen Partner abgegeben hast: Kommunizierst du klar und deutlich, was du brauchst? Erwartest du von deinem Partner, dass er deine Wünsche kennt, ohne dass du sie zum Ausdruck bringst? Fühlst du dich wertvoll genug, um gesehen und beachtet zu werden – und strahlst für deinen Partner damit auch aus, dass du ihm zutraust, dich glücklich machen zu können?

Das Verhalten, welches dir entgegenstrahlt, offenbart immer die Meinung, die du von dir selbst hast. Wenn du dich selbst als wertvoll erkannt hast, wirst du nicht zulassen, deinem Partner gegenüber in Abhängigkeit zu geraten.

Auch wenn die Verbindung zwischen dir und deinem Partner auf seelischer oder geistiger Ebene besonders intensiv ist, können Herausforderungen entstehen. Eine besonders tiefe seelische Verbindung kann bedeuten, dass du

- das Gefühl hast, deinen Seelenverwandten getroffen zu haben
- dich mit jedem Wort, das du sagst, auf einer tieferen Ebene verstanden fühlst
- zu besonderen emotionalen Hochgefühlen neigst
- die rosa-rote Brille trägst
- dich mit deinem Partner intensiv über Gefühle, Sehnsüchte, gemeinsame Interessen und die Empfindung verbindest, dass ihr euch besonders ähnlich seid

Eine solche Verbindung ohne reife Grundlage wird nicht von Dauer sein, denn rein seelische Verbindungen sind emotional meist sehr stark aufgeladen, erinnern jedoch eher an die ersten Versuche junger Menschen, die von der ersten großen Liebe schwärmen. Meist werden die Herausforderungen des Alltags seelische Illusionen und Hochgefühle zunichtemachen. Dies bedeutet nicht, dass sie schlecht und unbrauchbar sind, doch sie dienen nicht als Basis für eine tragfähige Beziehung. Du kannst sie als Bonus genießen, solange sie vorhanden sind und die damit einhergehende Bereitschaft zum tiefen Einlassen auf einen anderen Menschen nutzen, um ein stärkeres Band zwischen euch aufzubauen.

Eine geistige Verbindung kennzeichnet meist eine starke Übereinstimmung in übergeordneten Werten und Weltsichten. Menschen folgen gemeinsam einer für sie höheren Bestimmung, dienen einem gemeinsamen Ziel und sind oft verlässliche Partner in Bereichen von Wachstum und Persönlichkeitsentwicklung. Ohne die nötige Bodenhaftung jedoch können auch solche Verbindungen nicht von Dauer sein, da die Praxis im Alltag mehr benötigt als tiefer kommunikativer Austausch oder theoretische Glaubenskonstrukte.

Ideal ist es, wenn die körperliche, seelische und geistige Ebene miteinander in Verbindung treten und sich beide Parteien sowohl im Alltag als auch in ihren Bedürfnissen und Wünschen, ihren Emotionen und ihrem höheren Sinn begegnen, einander Freude bereiten, sich unterstützen und füreinander da sind.

In Verbindung aller drei Bereiche ist es möglich, dass sich die Partner gegenseitig herausfordern und zu höheren Zielen ermutigen, das Gute im anderen sehen und ihn immer wieder daran erinnern, sich andererseits aber auch an dem freuen, was ist – und es im Alltag genießen können.

> **Inspiration**
>
> Zeichne ein Dreieck auf ein DIN-A4-Blatt. Schreibe in jede Ecke jeweils eins der Worte: Körper, Seele, Geist.

Schreibe nun zu jedem Aspekt drei bis fünf Punkte auf, die dir in einer Beziehung wichtig sind und sich auf die Eigenschaft der Empathie beziehen:

Wie kann sich Empathie in eurer körperlichen, seelischen und geistigen Verbindung weiterentwickeln und eure Beziehung fördern?

Beispiele:

Körper:

- ⇨ Den anderen neugierig erforschen und während der Begegnung mehr miteinander über das Geschehen sprechen
- ⇨ Den Unterschied im Gefühl zwischen einer gebenden und einer nehmenden Berührung entdecken
- ⇨ Sich für die Vorlieben des Partners öffnen und eigene Vorurteile abbauen

Seele:

- ⇨ Die romantischen Vorstellungen des Partners entdecken und selbst ausprobieren
- ⇨ Bereit sein zu fühlen und mich der spielerischen Seite des Lebens zu öffnen
- ⇨ Mich mit meinen fünf Sinnen verbinden und die Erfahrungen emotional verarbeiten

Geist:

- ⇨ Die Berufung des Partners unterstützen
- ⇨ Gemeinsam Teil einer Gemeinschaft sein, die einem höheren Ziel folgt
- ⇨ Ziele und Visionen intensiv kommunikativ miteinander teilen

Ja! Schaffe die Beziehung, die du dir wünschst

„Alle Formen der Abneigung lösen sich auf. Von der einfachen Tatsache, jemanden nicht zu lieben, bis hin zur Abscheu vor dem Kriminellen."

Matthieu Ricard

Du hast nun einiges darüber gelernt, wie du dich schützen und an welchen Stellen du Grenzen setzen und nein sagen kannst und darfst, sowie erfahren, worauf du bei der Partnerwahl achten solltest.

Doch wie sieht es mit dem Ja aus? Der Wunsch nach der wahren Liebe – wie kann er erfüllt werden? Wie kannst du dieses laute, klare, freudige Ja in dir und zu einem anderen Menschen finden und jubelnd in die Welt hinaustragen?

Besonders, wenn du wie im vorherigen Kapitel beschrieben, jemanden gefunden hast, mit dem du gerne eine gemeinsame Reise antreten möchtest, plagst du dich vielleicht noch mit Fragen: Woher soll ich wissen, dass es dieses Mal wirklich anders ist? Wie kann ich mich auf mein Bauchgefühl verlassen, wo ich doch vielleicht schon oft dachte, besser könne es nicht werden?

Das letzte Mal Ja sagen, am besten für immer – dies ist ein Traum vieler sensibler Empathen. Es ist nicht zu verallgemeinern, doch sie tendieren oft zum Wunsch nach Tiefe und Langlebigkeit. Dies kann auch dazu führen, dass sie in Beziehungen, die zum Scheitern verurteilt sind, weit über ihr Vermögen hinaus durchhalten.

Nun gilt es also herauszufinden, was du „geangelt hast" oder angeln möchtest. Wozu genau sagst du Ja? Ist dein Ja klar definiert, fällt ein Nein dir nicht mehr allzu schwer. Bedenke, dass du deinem Gehirn und deinem ganzen Organismus ein klares Signal sendest, in welche Richtung sich alles ausrichtet, wenn du dich auf das konzentrierst, was du wirklich willst, nicht auf das, was du verlassen möchtest.

Manchmal erhältst du erst echten Zugang zu deinen tiefsten Wünschen, wenn du dich in einer Beziehungssituation wiederfindest, die dich schier in den Wahnsinn treibt. Viele Menschen sind erst für Veränderung bereit, wenn der gegebene Zustand unerträglich scheint. Dann schreit die Seele laut auf und ist nicht mehr zu ignorieren: So hast du das nie gewollt! Vielleicht kritisierst du deinen Partner innerlich endlos, beweinst deine Einsamkeit und flüchtest dich auf diesem Wege in romantische innere Bilder. Diese können dir Aufschluss und Hinweise darauf geben, was du wirklich möchtest.

Besonders im Hinblick auf dein mitfühlendes Wesen und alle Werte, die mit Empathie zusammenhängen, möchtest du wahrscheinlich keine Kompromisse eingehen, doch die Welt erscheint dir kalt und hart und manchmal bist du versucht, einfach aufzugeben und die Dinge hinzunehmen, wie sie sind. Die Opferhaltung ist für einen Empathen sehr verlockend, sie verhilft ihm dazu, seinem Leid Ausdruck zu geben und sich weiterhin verletzlich zu zeigen, jedoch auf destruktive Weise.

Je tiefer du dich in die Trauer über nicht erfüllte Wünsche und Bedürfnisse begibst, ohne aktiv tätig zu werden, umso schlimmer wird deine Situation. Wenn es dir wichtig ist, von Herzen erkannt, erforscht und romantisch begehrt und geliebt zu werden, ist es unausweichlich, dass du diesen Punkt auf deine Prioritätenliste ganz nach oben setzt. Du wirst in deiner Partnerwahl immer wieder Kompromisse eingehen und länger aushalten und akzeptieren, was dich zutiefst schmerzt, wenn dein Ja zu einer Traumbeziehung nicht steht.

Die Hintergründe für unsere Partnerwahl liegen meist in unserer Kindheit verborgen: Die Beziehung unserer Eltern/Erziehungsberechtigten und anderen erwachsenen Vorbildern hat dich tief geprägt. Als Kind lerntest du durch Beobachtung und selbst, wenn du nicht persönlich Teil dieser Beziehung warst, wurden alle Beobachtungen in deinen Zellen gespeichert. Wie dein Vater mit deiner Mutter umging, wie diese darauf reagiert hat und umgekehrt, ist Teil deines inneren Systems von Überzeugungen über Beziehung. Gedanklich magst du schon so weit sein, erkannt zu haben, dass du die Dinge vielleicht gern anders handhaben möchtest – oder welche Aspekte du gern übernimmst. Dein Unterbewusstsein als Triebwerk für dein Handeln ist daher bei deiner Partnerwahl vorrangig am Werk. Viele Menschen finden sich in der schmerzlichen Erkenntnis wieder, dass sie exakt das wiederholen, was sie um jeden Preis vermeiden wollten.

Grund dafür ist, dass wir uns unbewusst die Partner aussuchen, die den Strukturen unserer Eltern ähneln und die Situation quasi neu erschaffen, um ungelöste Themen diesmal endlich in den Frieden zu bringen.

Wenn du also in deinem Partner plötzlich deinen Vater/deine Mutter wiedererkennst und dich erschrickst, ist es hilfreich zu wissen, wie es dazu kommen konnte. Es können ungelöste Themen zwischen dir und deinem Elternteil eine Rolle spielen und ebenso ungesunde Beziehungsdynamiken zwischen deinen Eltern, die du mitgetragen hast. Viele, besonders empathische Kinder neigen dazu, sich mit dem Elternteil ihres Geschlechtes zu identifizieren, welches unter dem Partner leidet. Sie fallen in tiefes Mitgefühl und tragen so den Schmerz des Elternteils mit, insbesondere, wenn die Eltern sich nicht bewusst darüber sind, dass sie das Kind von Konflikten fernhalten, die diese in keinem Fall tragen sollten. Auch

Unausgesprochenes liegt derartig in der Atmosphäre, dass Kinder es tief einsaugen und es ihr Bild von Liebe und Beziehung maßgeblich beeinflusst.

Wie kannst du nun aus diesem Muster ausbrechen und deine Traumbeziehung erschaffen, wenn du dein Leben lang nur negative Vorbilder hattest oder dein fehlender Selbstwert immer wieder Menschen in dein Leben zieht, die diese Glaubenssätze durch ihr Verhalten dir gegenüber untermauern? Was kannst du tun, um deine Geschichte zu verändern und nicht mehr länger fortzuführen, was dir schadet?

Es kommt nicht darauf an, eine Traumbeziehung nach dem Harmonie-Barometer zu bewerten. Konflikte und Schwierigkeiten gehören dazu. Wichtig ist, dass du dir kompromisslos klar darüber wirst, was du brauchst und möchtest, was du zu geben hast und welche Werte ihr beide in der Beziehung vertreten möchtet. Eine Traumbeziehung baut auf drei Säulen auf: Wohlwollen, Hingabe und Wahrheit. Diese Attribute sind einzig und allein durch Empathie lebendig umsetzbar. Darum ist dein Mitgefühl eines der größten und wichtigsten Schätze, die du in eine Beziehung einbringen kannst. Wenn du ein empathischer Mensch bist, hast du fast schon einen Jackpot gezogen – denn je bewusster du dir über dich selbst, deine Gaben und auch deine Schwächen bist, umso effektiver kannst du dein Mitgefühl nutzen, um deine Beziehung zu dem zu gestalten, was aus Traum Wirklichkeit macht.

Empathie als der Stoff, der alles zusammenhält

Im vierten Kapitel wurde bereits der zwischenmenschliche Raum erwähnt, in den die Parteien alles hineintragen dürfen, was sie wirklich fühlen und in dem gegenseitiges Mitgefühl praktiziert werden kann.

Dieses stille Meer zwischen euch beiden bildet die Basis für eure Verbindung. Es muss nicht sein, dass ihr einander immer versteht, dieses Ideal ist nicht möglich. Doch eure Beziehung lebt von dem beiderseitigen echten Wollen und der Ausrichtung darauf, immer tiefer in die Haltung zu gelangen, die vom anderen nicht verlangt, jemand zu werden, der vorrangig die eigenen Bedürfnisse und Wünsche erfüllt.

Mitgefühl ist eine gebende Kraft. Als Empath hast du schon oft die Erfahrung gemacht, dass ein Ungleichgewicht bestand zwischen deinem natürlichen Fluss des Gebens und dem Verhalten deines Gegenübers, welches dich selbst leer und ausgelaugt zurückließ. Daher ist es von Bedeutung, dass ihr euch beide in der Haltung einig seid, die Beziehung mit dem Gedanken zu betreten, was ihr einander schenken könnt, nicht vorrangig, was es zu holen gilt. Dies ist möglich, wenn ihr euch darum bemüht, zuerst in Verbindung mit euch selbst zu stehen.

Wohlwollen

Wohlwollen ist DAS Salz in der Suppe deiner Beziehung: Es ist die Grundlage für gegenseitiges Vertrauen. Nur wenn du dem anderen wohlwollend gegenüberstehst, kannst du seine Liebe und Zuneigung empfangen und selbst deine Schutzschichten ablegen, die dich von der authentischen Begegnung zum anderen abhalten.

Die Erinnerung an alte Verletzungen hat dazu geführt, dass du dich nicht mehr vollkommen geöffnet hast. Unbewusst fürchtest du vielleicht, wieder dieselben schlechten Erfahrungen zu machen, die in deiner Kindheit und Jugend dazu geführt haben, dass du dein Vertrauen in Menschen verloren hast, die eigentlich für dein Wohl zuständig waren.

So können sich negative Unterstellungen zwischen dich und deinen Partner schieben: Ihr glaubt einander nicht von Herzen, dass ihr es gut miteinander meint. Das innere Überlebenssystem ist immer darauf ausgerichtet, bereits gemachte negative Erfahrungen zu vermeiden. So hält es Ausschau nach Anzeichen, die auf vermeintliche Gefahr hindeuten.

Verhaltensweisen, die im Grunde nicht persönlich zu nehmen sind, rutschen dann in deiner Wahrnehmung in eine Kategorie, die dich vermuten lässt, dass dein Partner dir absichtlich schaden wollte. Dein Vertrauen schwindet und es fällt dir zunehmend schwer, ihm wohlwollend gegenüberzutreten.

Wenn du deine Angst vor Verletzung überwindest, kannst du deinem Partner mitfühlend begegnen. Du reichst nicht mehr nur den kleinen Finger aus Angst, dass er gleich die ganze Hand nimmt, sondern gibst deine Deckung und zaghaftes Geben auf. Dein Mitgefühl wird nicht dazu führen, dass du weniger Aufmerksamkeit erhältst und die Beziehung wieder ins Ungleichgewicht gerät, sondern Hand in Hand mit der Beachtung deiner Bedürfnisse die Augenhöhe fördern.

Wohlwollen führt dazu, dass du das erwartest, was du am meisten wünschst. Du besinnst dich immer wieder auf den stillen Raum zwischen euch, der durch Empathie erschaffen wird. Somit begünstigst du eine Atmosphäre, in der eure Liebe gedeihen kann. Wenn du an das Gute in deinem Partner glaubst, wird er sich gesehen und geliebt fühlen und es fällt ihm wesentlich leichter, dieses Gute auch zu zeigen.

Wie ist es dir nun möglich, eine wohlwollende Haltung deinem Partner gegenüber aufzubauen? Wie kannst du trotz alter Verletzungen mit ihm gemeinsam einen Weg beschreiten, der euch in Heilung bringt und neue Erfahrungen zulässt?

> Was du im anderen vermutest, vermutest du immer auch in dir. Konzentriere dich daher darauf, dir immer wieder darüber bewusst zu werden, dass du geliebt werden möchtest und dich danach sehnst, andere zu lieben – und werde dir darüber klar, dass dasselbe Grundbedürfnis auch in deinem Partner vorhanden ist.

In euch beiden leben alte Verletzungen – doch in euch beiden lebt auch eine Sehnsucht nach Harmonie, Schönheit und echter Liebe. Gegenseitiges Wohlwollen ermöglicht es euch, einander immer wieder daran zu erinnern, was ihr in dieser Beziehung erreichen möchtet: Ihr geht Hand in Hand das Abenteuer ein, eurer tiefen Sehnsucht Raum zu gewähren und zu lernen, neu zu vertrauen.

Wohlwollen fördert grundsätzlich ein positives Klima. Hierin können Glück, Zufriedenheit und Erfüllung erst beginnen, sich zu entfalten. Deine innere Haltung ist der wichtigste Baustein für alle Aspekte deines Lebens: Wenn du aus einer positiven Stimmung heraus agierst, wird das, was du erschaffst, eine positive Atmosphäre mit sich bringen.

> **Tipp:** Übe dich darin, deinem Partner weniger Vorwürfe zu machen. Dies bedeutet nicht, dass deine Wünsche nicht mehr besprochen werden, im Gegenteil: Mit der richtigen Haltung wird es um ein Vielfaches leichter sein, das Herz deines Geliebten mit deinem Bedürfnis zu erreichen. Praktisches Wohlwollen zeigt sich darin, das Beste von deinem Gegenüber zu erwarten und ihm offen und zugewandt gegenüberzustehen. Wenn du emotional getroffen bist, ist das nicht leicht, doch es ist möglich. Ihr könnt gemeinsam besprechen, wie ihr mit solchen Situationen umgehen möchtet; es kann beispielsweise helfen, wenn ihr klar kommuniziert, dass der andere euch verletzt hat und ihr ein wenig Abstand braucht, um die Emotion zu verarbeiten. Ist der Sturm abgeklungen, könnt ihr in Ruhe über das Geschehene sprechen. So ist es möglich, auf Vorwürfe und Unterstellungen zu verzichten und ein positives Klima auch in heiklen Situationen zu bewahren.

Hingabe

Hingabe macht es möglich, voll und ganz im Hier und Jetzt zu verweilen und dich mit allem, was du bist, auf die Situation und die Beziehung einzulassen. Sie verlangt großen Mut von dir und die Bereitschaft, ein positives Ziel nicht aus den Augen zu verlieren. Wer hingegeben lebt, wird wahrhaft lebendig.

> Hingabe ist der Mut, alle Hintertüren zu schließen und Ja zu dem zu sagen, was du wirklich möchtest.

Um Hingabe wahrhaftig zu leben, ist es wichtig, dass du vorher sichergestellt hast, mit dem Partner an deiner Seite keine faulen Kompromisse eingegangen zu sein. Du hast darauf geachtet, deine Partnerwahl aus einem Status der Eigenverantwortung und Selbstwirksamkeit zu treffen und befandest dich nicht panisch auf der Suche nach Zweisamkeit, um Gefühle des Alleinseins zu vermeiden. Du bist sicher, für eine Beziehung und ihre Herausforderungen bereit zu sein und ihr verfolgt ein gemeinsames Ziel. Du kämpfst nicht gegen Windmühlen, sondern hast geprüft, dass du dich in einer gesunden Beziehungsstruktur befindest.

Ist diese Basis gegeben, kannst du täglich neu daran arbeiten, dich Schritt für Schritt immer tiefer zu öffnen und dich deinem Partner in all deinem Sein hinzugeben, ohne dich selbst zu verlassen. Das ist eine spannende Gratwanderung, doch wenn du den Begriff der Hingabe richtig verstanden hast und nicht mit falscher Opferbereitschaft assoziierst, wird sie dich zu tiefem Wachstum inspirieren.

Hingabe ist zudem das Tor zu wahrer Lebendigkeit, denn wenn du mit deinem ganzen Sein in den Moment des Jetzt trittst und durch dein JA vollkommen anwesend bist, wirst du so viel mehr fühlen, so viel tiefer empfinden, so viel stärker das Leben in dir spüren können, als wenn du durch falsche Vorsicht immer wieder die Handbremse anziehst.

Die Sehnsucht nach dem ganzen Brot ist an dieser Stelle eine willkommene Assoziation und hier sogar angebracht: Das ganze Brot als Beispiel für volles Dasein kann dich zutiefst erfüllen. All deine inneren Anteile sind mit von der Partie, du bist nicht zweigeteilt, sondern setzt alles auf eine Karte.

Hingabe macht dich zu einem integren, loyalen Partner mit klarer Ausstrahlung, zentrierter Kraft und wahrhaftigem Ausdruck. Zudem wirst du jemanden in dein Leben ziehen, der es wirklich ernst meint, denn hingegebene Menschen strahlen aus, dass mit ihnen keine oberflächlichen Spielchen möglich sind. Jeder, der nicht deine Werte vertritt, wird um dich einen weiten Bogen machen. Vielen Menschen ist ein inbrünstiges Leben zu anstrengend oder zu gefährlich, weil sie „aufwachen" und an sich arbeiten müssen. Daher ist Hingabe sehr hilfreich zur natürlichen Selektion der Menschen, die gern mit dir zusammen sein möchten.

Wahrheit

Nichts ist verführerischer als die pure Wahrheit. Wahrheit ist in ihrem Begriff schwer zu definieren, denn es gibt so viele Perspektiven, wie Menschen auf unserem Planeten weilen.

Deine persönliche Wahrheit ist das, wovon du im aktuellen Moment zutiefst überzeugt bist. Selbst, wenn diese Wahrheit einen Schmerz oder andere negative Empfindung beinhaltet, doch wenn sie unverschleiert zur gemeinsamen Betrachtung zur Verfügung gestellt wird, kann dies zu einer immensen Lebendigkeit in der Beziehung führen.

Jedes Mal, wenn einer der beiden Parteien lügt, durch Worte, Gesten oder Verhaltensweisen, die nicht seiner inneren Überzeugung entsprechen und vielleicht nur zur Deeskalation dienen oder um den anderen nicht zu verletzen, wird ein Teil der möglichen Verbindung eingebüßt. Wahrheit ermöglicht es, einander wirklich zu sehen und begegnen zu können. Scham- und Schuldgefühle können in gegenseitigem Mitgefühl abgebaut und transformiert werden und die Beziehung trägt das Potential, wirklich das zu werden, was beide sich zutiefst wünschen.

Für empathische Menschen ist es meist nicht schwer zu spüren, wenn der Partner nicht wahrhaftig ist. Achte hierbei darauf, dass du selbst den ersten Schritt machst, solltest du eine solche Tendenz bei deinem Geliebten feststellen. Es ist nicht leicht, der Erste zu sein, der sich offenbart, doch meist zeigen Menschen ihre Wahrheit nicht, weil sie sich fürchten. Wenn einer von beiden durch das Zeigen seiner Wahrheit den Bann bricht, entsteht ein sicherer Raum, der sich stetig ausbreiten kann.

Beachte: Die individuelle Wahrheit eines Menschen kann sich mit seiner persönlichen Entwicklung immer wieder verändern. Wahr ist immer das, was im jeweiligen Augenblick authentisch gefühlt und geglaubt wird. Sei daher immer wieder bereit, deinen Partner mit neuen Augen zu betrachten und erinnere dich daran, dass er als Mensch stets im inneren und äußeren Wandel steht und dies ein positives Zeichen für seine Lebendigkeit und Bewegung ist. Du kannst ihn immer wieder neu entdecken. Mit dieser Haltung wird eure Beziehung nicht zur Langeweile verkommen.

Wo ist denn nun mein Traumprinz voller Mitgefühl?

Dieser Abschnitt ist für all diejenigen bestimmt, die sich noch auf der Suche nach dem richtigen Partner befinden. Bei all der inneren Arbeit, die du vielleicht schon hinter dir hast, kann es durchaus frustrierend sein, wenn du dich bei aller bereits bestehenden inneren Erfüllung nach einer Partnerschaft und Zweisamkeit sehnst und der dazu passende Partner einfach nicht in Sicht ist. Wie lange musst du noch warten? Welche Stellschrauben sind noch zu drehen? Liegt es an dir, hast du zu hohe Erwartungen?

Sei ermutigt: Es klingt vielleicht zu romantisch, doch wenn die Zeit reif ist, wird der richtige Mensch in dein Leben treten. Dies ist kein Hexenwerk oder unreflektierter Glaube an ein Wunder: Vielmehr wirst du in deiner Ausstrahlung automatisch den Menschen begegnen, die zu dir passen.

Um dem Glück etwas auf die Sprünge zu helfen, kannst du folgende Punkte beachten: Wähle deinen Freundeskreis klug und verlasse soziale Gefüge, die dir nicht guttun oder deiner inneren Wahrheit nicht entsprechen. Überprüfe, ob du dich tatsächlich mit Menschen und auch im beruflichen Umfeld in einer Umgebung befindest, die zu dir passt und erlaube dir, deinen Alltag an die

Gegebenheiten anzupassen, dir deinem Herzen entsprechen. Halte dich an Orten auf, die dich natürlicherweise in ihren Bann ziehen. Verbringe Zeit mit Aktivitäten, die dir Spaß machen. Hab den Mut, deine Aufmerksamkeit auf das zu zentrieren, was dir das Gefühl gibt, lebendig zu sein. So erhöhst du die Chancen darauf, sowohl ein Leben zu leben, in welchem du dich auch ohne Partner glücklich und zufrieden fühlst und gleichzeitig auf jemanden zu treffen, der wirklich zu dir passt.

Beachte auch deine Werte: Wenn es dir wichtig ist, einen empathischen Menschen kennen zu lernen, achte bei Erstgesprächen darauf, wie er kommuniziert und ob dies deiner Vorstellung entspricht. Schenke deine Zeit jemandem, dessen Grundwerte mit deinen übereinstimmen und sei es dir wert, Kontakte über Bord zu werfen, bei denen recht schnell klar ist, dass sie sich nicht in die gewünschte Richtung entwickeln.

Erinnere dich immer daran: Es ist dein Leben, es wird dein Liebesleben, du wählst einen Menschen, der dich zutiefst prägen und beeinflussen wird – du hast das Recht, dir Zeit zu lassen und klug zu wählen.

Zum Schluss kann es dir helfen, aus der Haltung des Wartens auszusteigen: Besinne dich auf das Jetzt und auf den gegenwärtigen Moment. Genieße, was gerade ist und übe regelmäßig, in deiner aktuellen Realität zuhause zu sein. Wenn du nicht wartest, sondern dich in einem kreierenden, aktiven Zustand befindest, fühlst du dich kraftvoll und selbstwirksam.

Und was ist mit den anderen Beziehungen in meinem Leben?

Alle Aspekte, die für eine Liebesbeziehung von Belang sind, lassen sich auch auf die anderen sozialen Beziehungen in deinem Leben anwenden. Die Wahl deines sozialen Umfeldes nimmt immens Einfluss auf deine persönliche Entwicklung, dein Lebensgefühl und deine Ausrichtung.

Unsere Spiegelneuronen bewirken, dass wir uns gegenseitig bestimmte Aspekte unseres Wesens spiegeln. Darum fühlst du dich auch im Beisein unterschiedlicher Menschen eventuell anders: Jemand, der dir wohlwollend gegenübersteht, wird in dir das Gefühl auslösen können, dass auch du dich mit dir selbst mehr in Einklang fühlst. Wenn ein Mensch dagegen einen deiner Charakterzüge, beispielsweise Unsicherheit, nicht mag und negativ darauf reagiert, kann es sein, dass du gerade als Empath diese Abneigung auffasst, selbst spürst und dich dies weiter verunsichert. So wird das Erleben der jeweiligen Aspekte deines Wesens verstärkt wahrgenommen, die dir von deiner Umwelt gespiegelt werden.

Wenn du integrales Wachstum anstrebst und dich weiterentwickeln sowie ein gesundes Selbstwertgefühl aufbauen und dich in deinen Beziehungen wohlfühlen möchtest, lohnt es sich, bei der Wahl deiner Freunde genauer hinzusehen.

Im ersten Schritt ist es, wie auch in einer Liebesbeziehung, wichtig, dass du dir über deine Werte im Klaren bist und weißt, welches Ziel du verfolgst. Wähle Menschen, die dich unterstützen und bestenfalls bereits die Charaktereigenschaften aufweisen, die du selbst anstrebst. Umgib dich mit Freunden, die sich denselben Werten verpflichtet haben und bereit sind, dir ein authentischer, doch in jedem Falle liebevoller und wohlwollender Spiegel zu sein. Gesunde Beziehungen kannst du mit Menschen führen, die mit sich selbst bereits in guter Verbindung stehen.

In der folgenden Tabelle erhältst du einen Überblick über positive und negative Eigenschaften von Menschen, die auf deren Haltung und Werte hinweisen.

Freunde mit gutem Einfluss	Freunde mit schlechtem Einfluss
⇨ eigenverantwortlich	⇨ hetzen dich gegen Menschen und Situationen auf, unter denen du aktuell leidest
⇨ lösungsorientiert	
⇨ konzentrieren sich auf das Positive	
⇨ unterstützen dich in deinen Herausforderungen zu reifem Handeln und glauben an dich	⇨ verleiten dich zum Lästern
	⇨ entmutigen dich im Hinblick auf deine Ziele und Träume
⇨ spiegeln dir deine Kraft und erinnern dich an deine Begabungen	⇨ beschweren sich und meckern viel über ihre Situation
⇨ gestalten ihr Leben aktiv	⇨ Fokus auf alles Negative
⇨ setzen klare Grenzen	
⇨ meinen, was sie sagen und sagen, was sie meinen	⇨ drängen dir ihre Meinung auf
	⇨ fallen durch Schwarz-weiß-Denken auf
⇨ investieren ihre Energie nur in Menschen und Projekte, die wirklich zu ihnen passen	⇨ Opferhaltung: Alle anderen sind schuld
⇨ geben sich das Recht, glücklich zu sein	⇨ haben das Gefühl, das Leben passiert ihnen

Mit der Bezeichnung positiv und negativ ist nicht etwa gemeint, ein Mensch sei besser als ein anderer. Es stellt sich lediglich die Frage nach deinen Zielen und Werten und ob deine Beziehungen diese Ausrichtung unterstützen.

Wenn du deine Freunde auswählst, geht es auch nicht darum, dass alle immer glücklich, gut gelaunt und erfolgreich sein müssen.

Echte Freundschaft lebt auch davon, dass wir uns gegenseitig tragen und füreinander da sind, wenn es uns nicht gutgeht.

Doch die Grundhaltung eines jeden Menschen kann nicht von seinen Freunden ausgebügelt werden, sie bestimmt mit das Klima in der Beziehung. Jeder Mensch ist grundsätzlich selbst dafür verantwortlich, aus welcher Perspektive er sein Leben betrachten möchte. Auch, wenn jemand tief in Verbindung steht mit seinem Schmerz, seiner Traurigkeit und seinen Unsicherheiten, kann er dennoch eine positive Grundhaltung bewahren und sich mit dir gemeinsam auf einem Weg des Wachstums befinden.

> **Tipp:** Ziehe dein Bauchgefühl zu Rate: Fühlst du dich in der Gegenwart deiner Freunde wohl, sicher und mit dir verbunden, schöpfst du in der gemeinsamen Zeit neue Energie? Oder schwächen dich deine Beziehungen und laugen dich aus, entmutigen dich, entfernen dich von deinem inneren Kern? Deine Intuition wird dir bei der Wahl deines sozialen Umfeldes behilflich sein. Zögere nicht, das Beste vom Besten für deine engsten Beziehungen zu erwarten! Bereits ein oder zwei tiefe, intensive Freunde an deiner Seite und gesunde Grenzen gegenüber allen, die sich nicht in deinem engsten Kreis befinden, können ausreichen, um ein gesundes Seelenklima herzustellen, in dem du aufblühen und wachsen kannst.

> **Tipp:** Achte außerdem darauf, wem du dich tiefer anvertraust und mit wem du über deine Beziehung, dein Befinden und deine Träume und Pläne sprichst. Wenn du nicht sicher bist, ob jemand dir ermutigend, unterstützend und empathisch gegenübertreten kann, tut es manchmal gut, weniger zu erzählen. Passe die Informationen, die du über dich preisgibst, an deinen Intimitätskreis an. Nicht jeder muss alles über dich wissen. Somit schützt du dich bereits vor unnötigen Entmutigungen, die besonders in sensiblen Situationen vielleicht gar nicht nötig gewesen wären.

Ein kleines Kapitel zum Begriff „Raum"

Vielleicht mag dir schon aufgefallen sein, dass in diesem Buch des Öfteren das Wort „Raum" oder der Begriff „Raum schaffen", „Raum halten" gefallen ist. Darauf möchte dieses Kapitel etwas näher eingehen.

Empathie ist im Kern exakt dies: Wir schaffen und halten Raum für alles, was in unserer heutigen Welt und Gesellschaft so wenig Platz findet.

Wir sind wie besessen davon, ein Leben zu errichten, das sich auf das konzentriert, was leicht, angenehm und genussvoll ist und dafür herhalten kann, alles zu überdecken, was unter der Oberfläche schwelgt.

Machen wir uns nichts vor – die Dinge sind trotzdem da. Während wir aufwachsen, sind wir unweigerlich dem schrecklichen Gefühl des Ausgeliefertseins ausgesetzt. Ein kleiner Mensch ist zu hundert Prozent von der Gunst und dem Wohlwollen seiner Eltern, Erziehungsberechtigten und anderen nahen Erwachsenen abhängig. Er kann nichts für sich selbst tun. Ein Baby ist auf die Fürsorge seiner Mutter angewiesen, sonst stirbt es. Nicht nur körperlich möchte ein kleiner Mensch Zuwendung erfahren, auch

Seele, Herz und Geist möchten liebevolle, sanfte, einfühlsame Zuwendung erleben, um in einem gesunden Umfeld aufzuwachsen.

Eltern können ohne Bewusstseinsarbeit ausschließlich weitergeben, was sie selbst von ihren Eltern empfangen haben. Hier beginnt das Dilemma im menschlichen Sein: Kein Mensch kommt unbeschadet durch die Kindheit, sagt ein Sprichwort. Und so werden alte Wunden und Verletzungen immer weitergetragen und legen sich auf die nächste Generation, die in dem jeweiligen Bereich im Mangel aufwächst.

Unsere Gesellschaft leidet unter den Verletzungen der vorherigen Generationen und steht zudem unter Druck, dem Trend zu folgen, der immer weiter wegführt von der Einfachheit des Lebens, der Erfüllung seelischer, körperlicher und geistiger Grundbedürfnisse hin zur Betäubung der eigentlichen Sehnsucht durch oberflächliche Ersatzbefriedigung.

Unsere wahren Bedürfnisse sind nicht durch Geld, Macht, Konsum und oberflächliche Beziehungen zu stillen und doch dreht sich unser Alltag weitgehend darum, das Rad am Laufen zu halten.

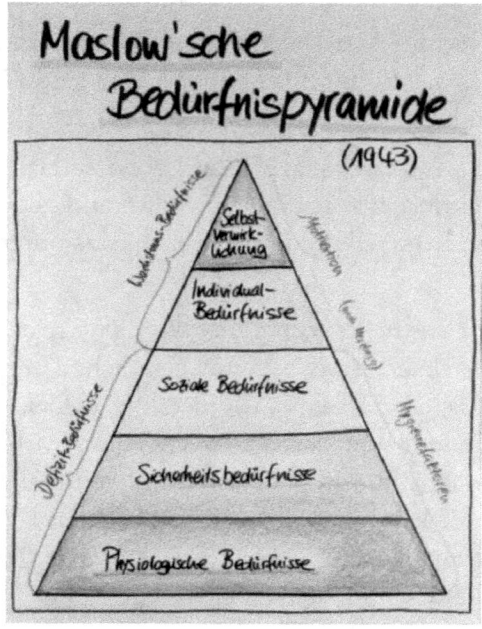

Physiologische Bedürfnisse, Sicherheitsbedürfnisse und soziale Bedürfnisse befinden sich ganz unten auf der Bedürfnispyramide und bilden tatsächlich die Basis für ein erfülltes Leben, wenn sie in der richtigen Weise befriedigt werden. Unzählige Menschen können ein Lied davon singen, wie zutiefst befriedigend es sein kann, mit den Händen in der Erde zu graben und für ihr eigenes Essen zu sorgen, ein Dach über ihrem Kopf zu errichten und mit vielleicht wenigen, dafür engen und gemeinschaftlich orientierten Beziehungen zufrieden zu sein. Sie minimieren ihre Bedürfnisse auf das Wesentliche und erleben in dieser Zentrierung, sich zum ersten Mal wieder wirklich wahrnehmen und spüren zu können, weil sie zu der Basis dessen zurückkehren, was ein Mensch wirklich braucht.

Gegen alles, was dazu kommt, ist nichts einzuwenden, doch unsere Tages- und Lebenszeit ist begrenzt und wir müssen Prioritäten setzen. Meist leidet unter der Aussortierung der Bereich, der am anstrengendsten ist, weil wir uns unserem alten Schmerz stellen müssen – die wahrhaftige Begegnung mit anderen Menschen und uns selbst. Die freie Zeit wird mit Ablenkung vollgestopft und wir verlieren uns in alltäglichen Verpflichtungen und Aufgaben.

Der Schmerz, der aus dem hilflosen Ohnmachtsgefühl eines Kindes erwächst, dessen wahre Bedürfnisse nicht erkannt oder nicht erfüllt werden konnten, ist für das Kind meist zu groß und nicht händelbar. Es lernt daher, mit allerlei Vermeidungsstrategien diesem Schmerz auszuweichen und legt sich unbewusste Strategien zurecht, wie es in einer Welt überleben kann, in der es so abhängig vom Verhalten anderer Menschen ist. Die Psychotherapeutin Stefanie Stahl beschreibt diesen Prozess sehr treffend. Hier sei ein besonderer Hinweis auf ihr Buch „Das Kind in dir muss Heimat finden" gelegt.

Die verdrängten Bedürfnisse unserer Seele finden nur Raum, wenn wir eines Tages wagen, uns die Fragen zu stellen, die wir womöglich ein Leben lang durch diese Vermeidungsstrategien umgangen haben: Wer bin ich wirklich? Was tue ich hier? Wozu treffe ich diese oder jene Entscheidung? Macht mein Leben einen Unterschied? Wem bin ich wirklich wichtig und lebe ich wirklich für mich und das, was mir wichtig ist, oder für andere? Habe ich mich bequem eingerichtet in einem angenehmen Überlebensprogramm, beschäftige mich mit selbst geschaffenen Problemen wie der neuesten Rechnung, einer Krankheit durch ungesunden Lebensstil, einer toxischen Beziehung, dem Vereinsleben meines Kegelclubs – oder bin ich bereit, mich dem zu stellen, was mir als Kind damals den Boden unter den Füßen weggerissen hat?

Du musst keine besonders schreckliche Kindheit durchlebt haben, um tiefe Narben davonzutragen. Ein liebloser Blick, ein unbedachtes Wort oder eine Woche ohne deine Eltern im Kleinkindalter reichen bereits aus, um dazu zu führen, existentielle Verlassensängste, Hilflosigkeit und das Gefühl der Wertlosigkeit zu triggern. Scheinbar unbedeutendste Erfahrungen erinnern den kleinen Menschen an seine Sehnsucht nach Verbundenheit, danach, nicht abgetrennt zu sein – und die Welt, in der ein Auskommen ohne diese schmerzhafte Erfahrung nicht möglich ist.

Dieser Gedanke kann nebenbei für Menschen, die bereits Kinder haben und sich alltäglich Vorwürfe machen, weil sie nicht perfekt sind, sehr beruhigend sein: Du wirst Fehler machen. Es ist vollkommen unmöglich, alles perfekt zu machen. Auch du bist nicht unbeschadet deiner Kindheit entwachsen und befindest dich auf einem Weg der Bewusstwerdung darüber, was alter Schmerz in dir und deinem Wesen angerichtet hat.

Hier kommt der Raum ins Spiel, von dem dieses Buch so oft spricht – und damit die Empathie. Sie ist das Hauptwerkzeug der Liebe und Verbindung, nach der jeder Mensch sich wahrhaft sehnt. Als Kind brauchen wir empathische Menschen um uns herum, die gewillt sind, jeden Tag „Detektiv zu spielen" und zu erspüren, was wir brauchen, um unsere Bedürfnisse zu erfüllen. Als Erwachsene sehnen wir uns danach, dass andere uns ein Spiegel sind, ein offenes Ohr und offene Herzen darreichen, damit wir uns endlich in einem sicheren Raum so zeigen können, wie es damals nicht möglich war, als wir unseren Schmerz verstecken mussten, um uns die lebensnotwendige Mindestzuwendung unserer Mitmenschen zu sichern.

Empathie löst diese alten Knoten, sie schenkt die Möglichkeit zur dringend notwendigen Selbstoffenbarung, nach der wir dürsten.

> **Inspiration**
>
> *Schreibübung*
>
> Wenn du möchtest, stelle dir in einer ruhigen Minute folgende Fragen und schreibe deine Antworten dazu ausführlich auf:
>
> ⇨ Welche kleinen Handlungen habe ich heute vollzogen, um mich zu zeigen in der Hoffnung, dass ein geliebter Mensch auf mich und meine Seele aufmerksam wird?
>
> *(Dies können ganz kleine Bewegungen sein, vielleicht eine Handreichung oder ein Lächeln, die Wahl eines bestimmten Kleidungsstückes oder eines klug klingenden Wortes, um zu sagen „ich bin aufmerksam, hinreißend, interessant, damit auch liebenswürdig, ich sehne mich nach Verbindung mit dir!")*
>
> ⇨ Wo handle ich im Selbstausdruck, verstecke mich jedoch auch gleichzeitig damit, um nicht darüber sprechen zu müssen?
>
> *(Beispiel: Du hast jemanden neu kennen gelernt und möchtest ihn beeindrucken. Du arrangierst, dass er dich von deiner Tanzstunde abholt, damit er dich noch einige Minuten lang tanzen sieht und begeistert von dir ist. Dahinter steckt dein Wunsch, in deiner inneren Wildheit und Kreativität gesehen und erkannt zu werden, was dich jedoch auch verletzlich macht. Um dies nicht zu deutlich zu präsentieren und dich zu schützen, arrangierst du die „Zufälle", die dazu führen, gesehen zu werden, ohne deutlich zu sagen: Das bin ich! Das ist mir wichtig! Ich hoffe, du findest mich gut ...)*
>
> ⇨ Welche Kleidung trage ich, um zu gefallen, welche Arbeitsstelle nehme ich an, um etwas zu beweisen, welcher Freundeskreis soll mir das Gefühl geben, wertvoll zu sein?

Echte Empathie schafft es zum einen, die wahren Bedürfnisse eines Menschen hinter seinen Handlungen und seinem Verhalten zu erkennen und darauf einzugehen. Dies ist besonders im Umgang mit Kindern von großer Bedeutung, denn meist können sie noch nicht verbalisieren, was sie wirklich brauchen und drücken sich in emotionalen Reaktionen aus. Wenn ein Kind seine Geschwister ärgert, an den Haaren zieht und sich anderweitig unflätig benimmt, hat dieses Verhalten oft eine viel tiefere Bedeutung als beispielsweise Langeweile oder ein negativer Charakterzug. Hinter jedem menschlichen Verhalten steht ein Bedürfnis.

Wenn du deine empathische Gabe trainierst und klug einsetzt, kannst du in deinen Partnerschaften und insbesondere gemeinsam mit einem Menschen, der sich mit dir auf Wachstum und Bewusstwerdung ausgerichtet hat, den Fokus auf diese Wahrnehmung der echten Bedürfnisse hinter dem Verhalten legen.

Empathie ist der Schlüssel zur Heilwerdung eines verletzten Herzens mit allerlei positiven Folgen: Erlebt ein Mensch die Hin- und Zuwendung zu seinen echten, tiefsten Bedürfnissen und macht damit positive Erfahrungen, die sein Vertrauen wiederherstellen, kann dies dazu führen, dass sich ein positiver Dominoeffekt entwickelt: Er erfährt, dass er wertvoll und geliebt ist, dass seine Bedürfnisse Gewicht haben und Aufmerksamkeit erfahren. Eventuell laufen Gegebenheiten zu seinen Gunsten, Mitmenschen beziehen seinen Standpunkt mit ein, kurz, sein Sein macht einen Unterschied.

Somit öffnet sich ein neuer Raum, in dem bewusst werden kann: Ich darf Nein sagen! Ich darf wählen! Ich darf mich ausbreiten, meine Träume erkunden, entscheiden, mit wem ich Zeit verbringen möchte...

Inspiration

Eine Empathie-Übung, die zu echter Verbindung in der Partnerschaft führt:

Sie ist simpel und doch können wir uns die Frage stellen, ob wir uns überhaupt daran erinnern können, wann wir zum letzten Mal einen solchen Moment erlebt haben.

Setze dich deinem Partner gegenüber und legt eine gemeinsame Zeit fest, in der ihr einander tief und wortlos in die Augen schaut. Startet wenn möglich mit einer Minute und dehnt mit zunehmender Erfahrung die Übung auf mehrere Minuten aus.

Diese Übung ist unglaublich intim und kann eine ganze Reihe an versteckten Emotionen hervorrufen. Erlaubt euch in dieser Zeit, alles zu fühlen, was gefühlt werden möchte, ohne es zu kommentieren. Freude, Trauer, Wehmut, Sehnsucht, Enttäuschung, Zuneigung …

Schenkt einander mit dieser Übung den stillen Raum und teilt ihn achtsam miteinander. Es wird euch auf besondere Weise verbinden und die empathische Beziehung zueinander stärken.

Nachwort – von der Sehnsucht nach dem Ankommen

„In meiner Praxis und in meinem Leben stelle ich fest, dass Menschen, die sich selbst als Ganzheit erleben und das Gefühl besitzen, selbst etwas wert zu sein, fähig sind, mit allen Herausforderungen des Lebens in schöpferischer und angemessener Weise fertig werden ...Wachstum bedeutet, dass das Leben in beständiger Veränderung besteht, und es gibt keine Möglichkeit dies zu unterbinden ..."

Virginia Satir

Nun bist du am Ende einer kleinen Reise angekommen – wenn du möchtest, wird es der Auftakt zu einem wunderschönen, neuen Tanzreigen deines persönlichen Ausdrucks sein. Du hast viel über den Einsatz von Empathie und dein Wesen gelernt, welches sich durch tiefes Mitgefühl deinen Mitmenschen gegenüber zeigen möchte. Empathie in Beziehungen wirkt tatsächlich wie eine Superkraft – vorausgesetzt, ihr Einsatz folgt einer gesunden Basis und dem Wissen über Chancen und Gefahren, die sich dahinter verstecken können.

Mit allem, was du nun weißt, kannst du dein Lebensschiff in die richtige Richtung lenken und neuen Wind in den Segeln zulassen.

Abschließend darfst du dir noch einmal bewusst machen, worum es wirklich geht: Die Verbindung zu dir selbst und deinem tiefsten Wesenskern ist der größte Schatz, den zu finden du im Stande sein kannst. Das Leben ist ein Balanceakt zwischen außen und innen, der Welt, die in dir lebt und der, die du um dich herum erschaffst. Der Wunsch nach dem Ankommen – die große Sehnsucht unserer Zeit.

Die wahre Erfüllung deiner Bedürfnisse und Sehnsüchte liegt immer in deinem Herzen verborgen. Was immer wir tun, gründet sich auf der Sehnsucht nach Ausdruck unseres wahren Wesens und Seins. Je tiefer du mit dir selbst verbunden und im Einklang lebst, umso intensiver und erfüllender wirst du deine Beziehungen gestalten können.

Mache dir daher zur Priorität und obersten Aufgabe, die Beziehung zu dir selbst zu pflegen, dich intensiv kennen zu lernen, dir immer wieder neu zu begegnen und Neuausrichtung entsprechend dem vorzunehmen, was dir wichtig ist. Je weniger Kompromisse du mit deinem Herzen schließt, je klarer du dich auf die Seite deiner inneren Wahrheit stellst, umso lebendiger wird dein Leben sich entfalten, umso authentischer wirst du dich bewegen können und umso geborgener im eigenen Sein kannst du dich fühlen – du bist zuhause. Du bist angekommen. Wer wahrhaft angekommen ist, wovor er ohnehin nicht fortlaufen kann, muss nicht nach unerfüllter Sehnsucht handeln und betteln, hinterherlaufen oder von seinem Weg abkommen. Er schafft mehr von dem, was bereits da ist: Glück, Frieden, Geborgenheit.

Sei es dir wert, deine innere Quelle zu schützen und immer wieder zu ihr zurückzukehren. Wo deine Fülle ist, liegt deine Kraft. Du wirst immer mehr von dem in deinem Leben sehen, was bereits vorhanden ist.

Quellen und weiterführende Literatur

Bak, P. M. (2015). *Zu Gast in Deiner Wirklichkeit: Empathie als Schlüssel gelungener Kommunikation.* Springer Spektrum.

Bauer, J. (2020). *Fühlen, was die Welt fühlt: Die Bedeutung der Empathie für das Überleben von Menschheit und Natur.* Karl Blessing Verlag.

Bergner, S. (2021). *Erfolgreich ist, wer mitfühlt - Emotionale Intelligenz: EQ - sich selbst & andere besser verstehen. Wie Sie Gefühle beeinflussen und Empathie lernen (German Edition).* Virtuoso Verlag.

Carpenter, K. (2020). *The Empath's Workbook: Practical Strategies for Nurturing Your Unique Gifts and Living an Empowered Life.* Rockridge Press.

Chapman, G. (1994). *Die fünf Sprachen der Liebe - Wie Kommunikation in der Partnerschaft gelingt.* Francke Buchhandlung GmbH.

Cuff, B. M., Brown, S. J., Taylor, L., & Howat, D. J. (2014). Empathy: A Review of the Concept. *Emotion Review, 8*(2), 144–153. https://doi.org/10.1177/1754073914558466

Davis, M. H. (2006). Empathy. *Handbooks of Sociology and Social Research,* 443–466. https://doi.org/10.1007/978-0-387-30715-2_20

de Rosa, W. (2021). *Becoming an Empowered Empath: How to Clear Energy, Set Boundaries & Embody Your Intuition.* New World Library.

Elliott, R., Bohart, A. C., Watson, J. C., & Greenberg, L. S. (2011). Empathy. *Psychotherapy, 48*(1), 43–49. https://doi.org/10.1037/a0022187

Goleman, D. (2005). *Emotional Intelligence: Why It Can Matter More Than IQ.* Random House Publishing Group.

Hamiko, A., & Schreiber, C. (2018). *Bindungstheorien nach Mary Ainsworth.* Bildungswissenschaften Universität Koblenz-Landau. https://userpages.uni-koblenz.de/~luetjen/sose18/di_10/Ausarbeitung_Bindungstheorien_10.07.2018_Kommunikation-1.pdf

Hein, M. (2018). *Empathie: Ich weiß, was du fühlst.* GABAL Verlag GmbH.

Heintze, A. (2020). *Empathie – Was ist das eigentlich genau?* OpenMind Akademie - Ausbildungen und Metakognitives Coaching. https://open-mind-akademie.de/empathie-was-ist-das/

Heintze, A., & Hummer, A. H. (2018). *Die Gabe der Empathen: Wie du dein Mitgefühl steuerst und dich und andere stärkst.* mvg Verlag.

Jameson, S. (2018). *The Happy Empath's Workbook: Hands-On Activities, Worksheets, and Strategies for Creating a Joyous and Full Life.* Ulysses Press.

Krznaric, R. (2015). *Empathy: Why It Matters, and How to Get It.* TarcherPerigee.

Lüling, D., & Lüling, C. (2007). *Lastentragen - die verkannte Gabe.* Asaph Verlag.

McLaren, K. (2013). *The Art of Empathy: A Complete Guide to Life's Most Essential Skill.* Sounds True.

Orloff, J. (2018). *The Empath's Survival Guide: Life Strategies for Sensitive People*. Sounds True.

Orloff, J. (2019). *Thriving as an Empath: 365 Days of Self-Care for Sensitive People*. Sounds True.

Perry, B. D., & Szalavitz, M. (2011). *Born for Love: Why Empathy Is Essential--and Endangered*. William Morrow Paperbacks.

Riess, H., & Neporent, L. (2018). *The Empathy Effect: Seven Neuroscience-Based Keys for Transforming the Way We Live, Love, Work, and Connect Across Differences*. Sounds True.

Rogers, C. R. (2012). *Die klientenzentrierte Gesprächspsychotherapie*. FISCHER Taschenbuch.

Rohleder, L. (2017). *Die Liebe empathischer Menschen: Die Gratwanderung zwischen wahrer Liebe und seelischen Verletzungen*. dielus edition.

Schulz, C. (2021). *Einfach nachhaltiger und bewusster leben*. CareElite. https://www.careelite.de

Singer, T., & Klimecki, O. M. (2014). Empathy and compassion. *Current Biology, 24*(18), R875–R878. https://doi.org/10.1016/j.cub.2014.06.054

Spiro, H. (1992). What Is Empathy and Can It Be Taught? *Annals of Internal Medicine, 116*(10), 843. https://doi.org/10.7326/0003-4819-116-10-843

Stahl, S. (2017). *Jeder ist beziehungsfähig: Der goldene Weg zwischen Freiheit und Nähe. - Mit dem Konzept von „Das Kind in dir muss Heimat finden" zu einer erfüllten Partnerschaft*. Kailash.

Stefanie, S. (2015). *Das Kind in dir muss Heimat finden: Der Schlüssel zur Lösung (fast) aller Probleme*. Kailash.

www.ingramcontent.com/pod-product-compliance
Lightning Source LLC
Chambersburg PA
CBHW071248070526
44583CB00017B/2382